W 완자
공부력

KB118853

Q 왜 공부력을 키워야 할까요?

쓰기력

정확한 의사소통의 기본기이며 논리의 바탕

연필을 잡고 종이에 쓰는 것을 괴로워한다!
맞춤법을 몰라 정확한 쓰기를 못한다!
말은 잘하지만 조리 있게 쓰는 것이 어렵다!
그래서 글쓰기의 기본 규칙을 정확히 알고
써야 공부 능력이 향상됩니다.

어휘력

교과 내용 이해와 독해력의 기본 바탕

어휘를 몰라서 수학 문제를 못 푼다!
어휘를 몰라서 사회, 과학 내용 이해가 안 된다!
어휘를 몰라서 수업 내용을 따라가기 어렵다!
그래서 교과 내용 이해의 기본 바탕을
다지기 위해 어휘 학습을 해야 합니다.

독해력

모든 교과 실력 향상의 기본 바탕

글을 읽었지만 무슨 내용인지 모른다!
글을 읽고 이해하는 데 시간이 오래 걸린다!
읽어서 이해하는 공부 방식을 거부하려고 한다!
그래서 통합적 사고력의 바탕인 독해 공부로
교과 실력 향상의 기본기를 닦아야 합니다.

계산력

초등 수학의 핵심이자 기본 바탕

계산 과정의 실수가 잦다!
계산을 하긴 하는데 시간이 오래 걸린다!
계산은 하는데 계산 개념을 정확히 모른다!
그래서 계산 개념을 익히고 속도와 정확성을
높이기 위한 훈련을 통해 계산력을 키워야 합니다.

세상이 변해도
배움의 즐거움은
변함없도록

시대는 빠르게 변해도
배움의 즐거움은
변함없어야 하기에

어제의 비상은
남다른 교재부터
결이 다른 콘텐츠
전에 없던 교육 플랫폼까지

변함없는 혁신으로
교육 문화 환경의 새로운 전형을
실현해왔습니다.

비상은 오늘, 다시 한번
새로운 교육 문화 환경을 실현하기 위한
또 하나의 혁신을 시작합니다.

오늘의 내가 어제의 나를 초월하고
오늘의 교육이 어제의 교육을 초월하여
배움의 즐거움을 지속하는 혁신,

바로, 메타인지학습을.

상상을 실현하는 교육 문화 기업 비상

메타인지학습
초월을 뜻하는 meta와 생각을 뜻하는 인지가 결합된 메타인지는
자신이 알고 모르는 것을 스스로 구분하고 학습계획을 세우도록 하는
궁극의 학습 능력입니다. 비상의 메타인지학습은 메타인지를 키워주어
공부를 100% 내 것으로 만들도록 합니다.

속담·한자 성어·관용어 카드

이 책에 나오는 **속담**, **한자 성어**, **관용어** 카드입니다.
배운 내용을 떠올리며 카드 놀이를 해 보세요.

속담

불 안 땐 굴뚝에 연기 날까

속담

돌다리도 두들겨 보고 건너라

속담

길고 짧은 것은 재어 보아야 안다

속담

발 없는 말이 천 리 간다

속담

벼 이삭은 익을수록 고개를 숙인다

한자 성어

기 우

杞	憂
나라 이름	걱정

속담

집에서 새는 바가지는 들에 가도 샌다

한자 성어

화 룡 점 정

畵	龍	點	睛
그리다	용	점찍다	눈동자

잘 아는 일도
꼼꼼히 주의해야 한다.

원인이 없으면
결과도 없다.

말은 순식간에 퍼지므로
말을 삼가야 한다.

크고 작고, 이기고 지고,
잘하고 못하는 것은 실지로
겨루어 보거나 겪어 보아야
알 수 있다.

앞일에 대해
쓸데없는 걱정을 한다.

지식이 뛰어나고 훌륭한
사람일수록 남 앞에서
자신을 뽐내려고 하지 않는다.

무슨 일을 하는 데에 가장
중요한 부분을 완성하다.

사람이 지닌 나쁜 성질이나
버릇은 어디에 가나
드러나기 마련이다.

이랬다저랬다 잘 변하는
태도나 성질

목이 긴 학처럼 머리를
길게 빼고 간절히
무엇인가를 기다린다.

양심을 가지고 일이나
상황을 판단하다.

무슨 일이나 틀림없이
잘 들어맞는다.

이것저것 생각하지
않고 함부로 행동하다.

매우 위태로운 상황에
놓여 있다.

흡족하게 마음에 들다.

귓전에 사라지지 않고
들리는 듯하다.

카드 활용 방법

❶ 카드 앞면에는 속담, 한자 성어, 관용어가, 카드 뒷면에는 뜻이 적혀 있어요.
❷ 카드를 점선을 따라 자른 후, 카드링으로 묶어요.
❸ 친구와 함께 문제를 내고 답하며 즐겁게 놀아요.

한자 성어

학 수 고 대

鶴	首	苦	待
학	머리	애쓰다	기다리다

관용어

변덕이 죽 끓듯 하다

한자 성어

백 발 백 중

百	發	百	中
일백	쏘다	일백	가운데

관용어

가슴에 손을 얹다

한자 성어

풍 전 등 화

風	前	燈	火
바람	앞	등잔	불

관용어

앞뒤를 가리지 않다

관용어

귓가에 맴돌다

관용어

눈에 차다

완자

공부력

초등 전과목
어휘 1B

초등 전과목 어휘
1-2학년군 구성

- 1A, 1B, 2A, 2B -

국어 교과서

✔ 문학

화해 | 값지다 | 흡족 | 낭송 | 충고 등

20개 어휘 수록

✔ 문법

밑바닥 | 무렵 | 진지 | 계시다 | 주무시다 등

12개 어휘 수록

✔ 말하기, 쓰기

훑어보다 | 긴장 | 안부 | 짐작 | 배려 등

24개 어휘 수록

사회 교과서

✔ 사회·문화

노약자 | 무릅쓰다 | 삼가다 | 갈등 | 적성 등

28개 어휘 수록

✔ 생활

차례 | 증상 | 적절하다 | 규칙 | 응급 등

40개 어휘 수록

✔ 환경, 법

함부로 | 횡단보도 | 예보 | 자제 | 재활용 등

16개 어휘 수록

✔ 역사, 지역

조상 | 지혜롭다 | 며칠 | 한파 | 장맛비 등

12개 어휘 수록

1~2학년 교과서에 나오는 필수 어휘를
과목별 주제에 따라 배우며 실력을 키워요!

수학 교과서

✔ 연산
묶음 | 세다 | 맞추다 | 낱개 | 횟수 등
12개 어휘 수록

✔ 도형
반듯하다 | 형태 | 맞추다 | 곧다 | 비교 등
12개 어휘 수록

✔ 측정, 자료
가리키다 | 시각 | 단위 | 어림 | 합계 등
20개 어휘 수록

과학 교과서

✔ 생물, 몸
소화 | 고약하다 | 보온 | 천적 | 풍부하다 등
40개 어휘 수록

✔ 대기, 지구, 우주
햇볕 | 가파르다 | 오염 | 진공 | 육지 등
24개 어휘 수록

✔ 물질, 열, 운동
끓이다 | 쓰임새 | 높낮이 | 질다 | 묽다 등
20개 어휘 수록

특징과 활용법

✳ 그림과 한자로
교과서 필수 어휘를
배우고 문제를 풀며
확장하여 익혀요.

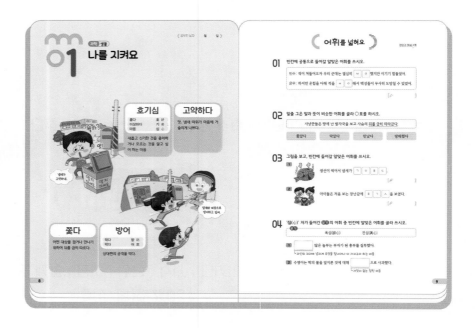

✳ 필수 어휘와 연관된
관용 표현과
문법을 배우고,
교과서 관련 글을
읽으며 어휘력을
키워요.

✅ 책으로 하루 4쪽씩 공부하며, 초등 어휘력을 키워요!

✅ 모바일앱으로 공부한 내용을 복습하고 몬스터를 잡아요!

공부한 내용 확인하기

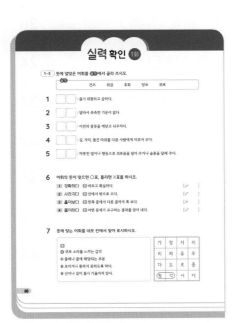

✳ 20일 동안 배운 어휘를 문제로 💡 풀어 보며 자기의 실력을 확인해요.

모바일앱으로 복습하기

앱 다운받기

책 인증하기

✳ 그날 배운 내용을 바로바로, 또는 주말에 모아서 복습하고, 다이아몬드 획득까지! 💎 공부가 저절로 즐거워져요!

차례

우리도 하루 4쪽 공부 습관!
스스로 공부하는 힘을
키워 볼까요?

큰 습관이
지금은 그 친구를 이끌고 있어요.
매일매일의 좋은 습관은 우리를 좋은
곳으로 이끌어 줄 거예요.

한 친구가
작은 습관을 만들었어요.

매일매일의 시간이 흘러
작은 습관은 큰 습관이 되었어요.

01

과학 생물

나를 지켜요

뭘까?

앗!

냄새가
고약하네.

열지
마세요.

열지
마세요.

호기심

좋다	호	好
이상하다	기	奇
마음	심	心

새롭고 신기한 것을 좋아하
거나 모르는 것을 알고 싶
어 하는 마음

고약하다

맛, 냄새 따위가 마음에 거
슬리게 나쁘다.

덮개와 비옷으로
방어하고 있어.

쫓다

어떤 대상을 잡거나 만나기
위하여 뒤를 급히 따르다.

방어

막다	방	防
막다	어	禦

상대편의 공격을 막다.

01 빈칸에 공통으로 들어갈 알맞은 어휘를 쓰시오.

> 민수: 적이 쳐들어오자 우리 군대는 열심히 ㅂ ㅇ 했지만 이기기 힘들었어.
>
> 은우: 하지만 온힘을 다해 적을 ㅂ ㅇ 해서 백성들이 무사히 도망칠 수 있었어.

[✐   ]

02 밑줄 그은 말과 뜻이 비슷한 어휘를 골라 ○표를 하시오.

> 사냥꾼들은 땅에 난 발자국을 보고 사슴의 뒤를 급히 <u>따라갔다</u>.

| 쫓았다 | 막았다 | 만났다 | 방해했다 |

03 그림을 보고, 빈칸에 들어갈 알맞은 어휘를 쓰시오.

1 생선이 썩어서 냄새가 ㄱ ㅇ ㅎ ㄷ.

[✐   ]

2 아이들은 처음 보는 장난감에 ㅎ ㄱ ㅅ 을 보였다.

[✐   ]

04 '심(心)' 자가 들어간 보기의 어휘 중 빈칸에 알맞은 어휘를 골라 쓰시오.

> **보기**
>
> 욕심(欲心)   진심(眞心)

1 [   ] 많은 놀부는 부자가 된 흥부를 질투했다.
  └ 자신의 처지에 넘치게 무엇을 탐내거나 더 가지고자 하는 마음

2 수영이는 짝의 물을 엎지른 것에 대해 [   ] 으로 사과했다.
  └ 거짓이 없는 참된 마음

05 보기를 보고, 괄호 안에서 알맞은 어휘를 골라 ○표를 하시오.

> **보기**
>
> | 쫓다 | 눈에 보이는 어떤 것의 뒤를 따라간다는 뜻이다. |
> |------|--|
> | | 예 동생이 형의 뒤를 쫓다. |
> | 좇다 | 꿈, 목표, 행복, 생각처럼 눈에 보이지 않는 것을 따른다는 뜻이다. |
> | | 예 사람들이 자신의 행복을 좇다. |

1 그 사람은 현실에 만족하기보다 꿈을 〔 쫓는다 / 좇는다 〕.

2 길에서 모르는 사람을 〔 쫓아 / 좇아 〕 가면 안 된다.

06 밑줄 그은 어휘의 뜻을 보기에서 골라 그 기호를 쓰시오.

> **보기**
>
> 고약하다
>
> ㉠ 성격이나 말, 행동이 사납다.
> 　　예 옆집 할아버지는 성격이 고약하다.
> ㉡ 맛, 냄새 따위가 마음에 거슬리게 나쁘다.
> 　　예 오랫동안 놓아 둔 음식 냄새가 고약하다.

1 처음 본 그 음식은 냄새가 고약하다. (　　　　)

2 친구들을 괴롭히는 그 아이는 마음씨가 고약하다. (　　　　)

07 밑줄 그은 부분에 다음 말을 쓸 수 있는 문장을 골라 ✓표를 하시오.

> 눈을 끌다
>
> 보는 사람에게 호기심을 일으켜서 그것을 보게 한다는 뜻이다.

☐ 춤을 못 추던 민수가 멋지게 춤을 추어 ＿＿＿＿＿＿＿＿.

☐ 엄마가 장난감의 비싼 가격을 보고 놀라서 ＿＿＿＿＿＿＿＿.

☐ 이름은 모르지만 동네에서 자주 봐서 얼굴이 ＿＿＿＿＿＿＿＿.

08~10 다음 글을 읽고, 물음에 답하시오. 과학 생물

　동물들은 자신을 보호하기 위해 다양한 방법을 사용합니다. 주머니쥐는 적이 나타나면 죽은 척을 합니다. 그러면 ㉠주머니쥐를 쫓던 동물은 주머니쥐에게 관심을 보이지 않습니다. 왜냐하면 보통 동물들은 갓 사냥하여 얻은 고기를 좋아하기 때문입니다. 주머니쥐는 적이 멀리 사라지면 일어나서 도망칩니다. 스컹크는 적의 공격을 방어하기 위해 엉덩이를 적에게 향하고 고약한 가스를 뿜어냅니다. 스컹크의 가스는 다른 동물의 눈을 잠시 멀게 할 정도로 강력합니다. 예쁜 색깔을 지닌 딸기독개구리는 피부에 독을 가지고 있습니다. 독이 무척 강해서 호기심에 이 개구리를 만졌다가는 죽을 수도 있습니다.

08 이 글의 핵심 내용을 파악하여 빈칸에 들어갈 알맞은 말을 쓰시오.

{ ☐☐ 들이 자신을 보호하는 방법 }

09 동물과 동물이 자신을 보호하는 방법을 선으로 바르게 이으시오.

1 스컹크 •　　　• ㉠ 죽은 척을 한다.

2 주머니쥐 •　　　• ㉡ 피부에 독을 가지고 있다.

3 딸기독개구리 •　　　• ㉢ 고약한 가스를 뿜어낸다.

10 ㉠의 이유로 알맞은 것은?　　　　　　[✎ 　]

① 주머니쥐가 빨리 도망쳐서
② 주머니쥐가 보이지 않아서
③ 자신이 사냥한 동물이 아니라서
④ 죽은 동물의 고기를 좋아하지 않아서
⑤ 주머니쥐가 움직이지 않는 것이 불쌍해서

국어 · 문학

치마에 그린 그림

엎지르다

그릇에 담겨 있는 것을 뒤집어엎어 쏟아지게 하거나 흔들어 넘치게 하다.

울먹거리다

울려고 하는 표정이 되어 자꾸 울음이 터져 나오려고 하다.

물을 엎질렀구나.
누나가 치울게.

값진 보석이구나.
자세히 관찰해야지.

값지다

물건 따위가 값이 많이 나갈 만한 가치가 있다.

관찰

| 보다 | 관 | 觀 |
| 살피다 | 찰 | 察 |

사물이나 상태를 자세히 살펴보다.

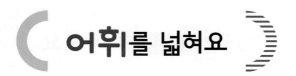
01 괄호 안에서 다음 내용에 알맞은 어휘를 골라 ○표를 하시오.

> 비가 많이 내리는 날, 지수는 우산을 쓰고 학교에 갔다. 차가 지나가면서 지수의 옷에 빗물이 튀었다. 지수는 속상해 하며 (울먹거렸다 | 즐거워했다).

02 밑줄 그은 어휘와 뜻이 비슷한 어휘를 골라 ✓표를 하시오.

> 그 탐정은 일부러 물을 <u>엎질러서</u> 사람들이 어떻게 행동하는지 <u>관찰했다</u>.
> ↳쏟아서 ☐   ↳물었다 ☐
>   담아서 ☐   살폈다 ☐

03 밑줄 그은 어휘와 뜻이 비슷한 어휘를 골라 ○표를 하시오.

> 흥부가 박을 가르자 박 속에서 <u>값진</u> 보물들이 쏟아져 나왔다.

| 작은 | 귀한 | 귀여운 | 반듯한 |

04 빈칸에 '관찰'을 쓸 수 <u>없는</u> 문장의 기호를 쓰시오.

> ㉠ 나는 비행기에 [   ]이 많다.
>
> ㉡ 동물이 뛰는 모습을 [   ]하였다.
>
> ㉢ 씨앗에서 싹이 트는 모습을 [   ]하였다.
>
> ㉣ 과학실은 선생님과 학생들이 실험이나 [   ]을 하는 곳이다.

[✎   ]

어법+표현 다져요

05 보기를 보고, 밑줄 그은 어휘를 빈칸에 바르게 고쳐 쓰시오.

보기

엎지르다 (○)	업지르다 (×)
예 물을 엎질렀다.	예 물을 업질렀다.

받침 'ㅍ'은 말할 때는 'ㅂ'으로 발음하지만, 글자로 쓸 때는 'ㅍ'으로 쓴다.

1 주스를 <u>업지르지</u> 마라. → ☐ ☐ ☐ ☐

2 할머니는 지팡이를 <u>집고</u> 다니신다. → ☐ ☐

3 재미있는 동화책을 읽고 <u>십다</u>. → ☐ ☐

06 빈칸에 들어갈 모양이나 소리를 흉내 낸 어휘를 선으로 바르게 이으시오.

1 넘어진 아이가 ☐ 했다. •   • ㉠ 벌렁벌렁

2 벌레가 ☐ 기어 다닌다. •   • ㉡ 꾸물꾸물

3 놀라서 가슴이 ☐ 뛴다. •   • ㉢ 울먹울먹

07 다음 속담을 사용할 상황으로 알맞은 것은?   [✎   ]

구슬이 서 말이라도 꿰어야 보배

'말'은 곡식, 가루 등의 분량을 재는 그릇이다. 구슬 세 말은 구슬이 많다는 뜻이다. 구슬이 많아도 꿰어서 목걸이나 팔찌로 만들어야 소중한 보배가 된다. 이 속담은 아무리 좋은 것이라고 해도 쓸모 있게 만들어야 값어치가 있음을 뜻한다.

① 정후는 어떤 일을 하든지 두 번 이상 확인한다.
② 은서는 손톱을 물어뜯는 버릇을 고치지 못했다.
③ 민우는 책을 많이 사 두기만 하고 한 권도 읽지 않았다.
④ 현지는 연필을 찾지 못하자 대신 볼펜으로 글씨를 적었다.
⑤ 진주는 자기와 친한 친구들에게만 전화해서 함께 놀기로 했다.

08~10 다음 글을 읽고, 물음에 답하시오.   국어 **문학**

신사임당은 어려서부터 곤충과 식물을 <u>관찰하고</u> 그림으로 그리기를 좋아했다. 한번은 신사임당이 마을 잔치에 초대를 받아 갔다. 식사를 하던 중에 잔치에 온 ⊙<u>어느 부인</u>이 자신의 치마에 국물을 <u>엎지르고</u> 말았다.

"이웃에게 빌린 치마인데 어쩌면 좋지."

그 부인이 <u>울먹거리며</u> 말하자 다른 부인들도 걱정했다.

"<u>값진</u> 비단 치마라 얼룩이 잘 안 지워질 텐데……."

신사임당은 벼루와 붓을 가져다 달라고 해서 국물 자국 위에 탐스러운 포도송이를 그렸다. 금방이라도 포도알을 떼어 먹을 수 있을 것처럼 생생한 그림이었다. 치마를 받은 부인은 시장에서 그 치마를 팔아 새 치마를 사서 치마 주인에게 돌려줄 수 있었다.

08 이 글의 핵심 내용을 파악하여 빈칸에 들어갈 알맞은 말을 쓰시오.

{ ⬚⬚⬚⬚이 얼룩진 치마에 포도송이를 그린 일 }

09 이 글에서 알 수 있는 신사임당의 재주로 알맞은 것에 ✔표를 하시오.

☐ 그림을 잘 그렸다.
☐ 물건을 잘 팔았다.
☐ 음식 솜씨가 좋았다.
☐ 이웃과 친하게 지냈다.

10 신사임당이 ⊙ 때문에 생긴 문제를 해결한 방법으로 알맞은 것은? [✎　　]

① 새 치마를 빌렸다.
② 얼룩을 깨끗이 지웠다.
③ 자신의 치마를 주었다.
④ 얼룩 위에 포도 그림을 그렸다.
⑤ 곤충과 꽃 그림을 그려 주었다.

03

과학 지구

해가 없어졌다

가리다

보이거나 통하지 못하도록 막다.

부시다

빛이나 빛깔이 강하여 마주 보기가 어렵다.

사라지다

물체의 자리나 표시 따위가 없어지다.

가장자리

둘레나 끝에 해당되는 부분

16

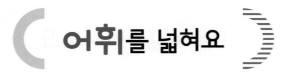
01 다음 어휘의 뜻으로 알맞은 어휘를 괄호 안에서 골라 ○표를 하시오.

부시다

뜻 (빛 | 빚)이나 빛깔이 강하여 마주 보기 (어렵다 | 알맞다).

02 빈칸에 공통으로 들어갈 알맞은 어휘를 쓰시오.

운동장 [ㄱ][ㅈ][ㅈ][ㄹ]에 나무들이 있다.

우유를 마시자 입 [ㄱ][ㅈ][ㅈ][ㄹ]에 우유가 묻었다.

03 밑줄 그은 어휘와 뜻이 반대인 어휘로 알맞은 것은?

홍길동이 욕심 많은 부자들의 보물을 빼앗아 <u>사라졌다.</u>

① 살폈다   ② 쫓았다   ③ 채웠다   ④ 서둘렀다   ⑤ 나타났다

04 빈칸에 쓸 수 있는 어휘를 보기에서 골라 쓰시오.

보기

가리다   부시다   사라지다

1 커튼을 쳐서 햇빛을 [   ].

2 어두운 곳에 있다가 밝은 곳으로 나오니 눈이 [   ].

3 나무꾼의 소원을 들어 준 산신령이 연기와 함께 [   ].

05 보기를 보고, 괄호 안에서 알맞은 어휘를 골라 ○표를 하시오.

> 보기
>
> | 부시다 | 빛이나 빛깔이 강하여 마주 보기가 어렵다. |
> |---|---|
> | | 예 햇빛에 눈이 부시다. |
> | 부수다 | 단단한 물체를 여러 조각이 나게 두드려 깨뜨리다. |
> | | 예 돌을 잘게 부수다. |

1 무대의 조명 때문에 눈이 (부시다 | 부수다).

2 소방대원이 잠겨 있는 방문을 (부시다 | 부수다).

06 밑줄 그은 부분에 들어갈 말로 알맞은 것에 ✓표를 하시오.

> • 교회에서 들려오는 종소리가 오랫동안 _____.
> • 목소리가 너무 좋아서 친구의 노래가 계속 _____.

☐ 눈이 나오다

몹시 놀라다.

☐ 귓가에 맴돌다

귓가에서 사라지지 않고 들리는 듯하다.

☐ 입을 닦다

이익 따위를 혼자 차지하거나 가로채고서는 모르는 체하다.

07 다음 속담을 사용할 상황으로 알맞은 것은? [✎   ]

> 눈 가리고 아웅
>
> 속이 훤히 들여다보이는 얕은꾀로 남을 속이려 한다는 뜻이다.

① 농구를 잘한다며 으스대는 사람에게
② 친구에게 함부로 나쁜 말을 하는 사람에게
③ 틀린 말을 하면서도 자신이 맞다고 우기는 사람에게
④ 고장 난 자전거를 고치지 않고 그대로 두는 사람에게
⑤ 친구의 일기를 베껴 쓰고 자신이 쓴 것처럼 낸 사람에게

08~10 다음 글을 읽고, 물음에 답하시오.

과학 지구

해가 사라지는 것을 본 적이 있나요? 일식이 일어나면 해가 가장자리부터 조금씩 사라지기 시작합니다. 그리고 낮인데도 주변이 어두워졌다가 다시 밝아집니다. 일식은 달이 지구와 태양 사이에 있을 때 달이 태양을 가려서 생기는 현상입니다.

일식은 보통 수십 년이나 수백 년에 한 번씩 나타납니다. 어떤 사람은 평생 동안 한 번도 일식을 보지 못할 수도 있습니다. 일식을 관찰할 때는 맨눈으로 보면 햇빛 때문에 눈이 부시고 눈 건강에 해롭습니다. 그러므로 햇빛을 가리는 도구를 사용하여 잠깐 동안 관찰해야 합니다.

08 이 글의 핵심 내용을 파악하여 빈칸에 들어갈 알맞은 말을 쓰시오.

{ 해가 사라지는 ☐☐ 이 생기는 이유와 일식을 관찰하는 방법 }

09 일식에 대한 설명으로 알맞지 <u>않은</u> 것은? [✎   ]

① 낮인데도 어두워진다.
② 일 년에 한 번 나타난다.
③ 태양이 가장자리부터 사라진다.
④ 달이 태양을 가려서 일어나는 현상이다.
⑤ 달이 지구와 태양 사이에 있을 때 나타난다.

10 일식을 관찰하는 방법을 알맞게 말한 사람의 이름을 쓰시오.

연지: 한참 동안 관찰해야 해.
정은: 달이 없을 때 관찰해야 해.
영서: 맨눈으로 봐야 잘 관찰할 수 있어.
선호: 햇빛을 가리는 도구를 사용하여 관찰해야 해.

[✎   ]

사회 사회·문화

04 소방관이 되려면

화재

| 불 | 화 火 |
| 재앙 | 재 災 |

불이 나는 불행한 사고 또는 불 때문에 겪는 불행한 일

무릅쓰다

힘들고 어려운 일을 참고 견디다.

위험을 무릅쓰고 사람을 구하려 하네.

동생을 보호하려면 체력을 길러야 해.

보호

| 지키다 | 보 保 |
| 돕다 | 호 護 |

위험이나 어려움 따위가 미치지 않도록 잘 보살펴 돌보다.

기르다

몸이나 마음을 굳세게 하여 더 강하게 만들다.

20

01 빈칸에 들어갈 알맞은 어휘를 쓰시오.

소미: 다른 나라에 ❶ [ㅎ][ㅈ]가 나서 산이 불타 동물들이 살아갈 곳을 잃었대.

유주: 그래서 소방관들과 봉사자들이 동물들을 ❷ [ㅂ][ㅎ]하고 있대.

❶ [✏️   ]   ❷ [✏️   ]

02 밑줄 그은 어휘와 뜻이 비슷한 어휘를 골라 ○표를 하시오.

나무꾼은 고생을 <u>무릅쓰고</u> 사슴을 구해 주었다.

참고   살피고   방해하고   가리키고

03 빈칸에 '기르다'를 쓸 수 <u>없는</u> 문장의 기호를 쓰시오.

㉠ 달리기를 잘하기 위해 다리의 힘을 [   ].

㉡ 지우는 매일 아침 줄넘기를 해서 체력을 [   ].

㉢ 연서가 놀이기구를 타면서 무서워서 소리를 [   ].

㉣ 매일 30분씩 책상 앞에 앉는 연습을 하며 참을성을 [   ].

[✏️   ]

04 '화(火)' 자가 들어간 보기의 어휘 중 빈칸에 알맞은 어휘를 골라 쓰시오.

보기
화산(火山)   화상(火傷)

1 뜨거운 물을 엎지르는 바람에 손에 [   ]을 입었다.
└ 불이나 뜨거운 열에 데어서 상한 피부의 상처

2 [   ]이 폭발하자 산꼭대기에서 연기가 솟아나고 땅이 흔들렸다.
└ 땅속에 있는 가스 따위가 밖으로 나와 쌓여 이루어진 산

어법+표현 다져요

05 밑줄 그은 어휘의 뜻을 보기에서 골라 그 기호를 쓰시오.

보기

기르다

㉠ 습관 따위를 몸에 익게 하다.
　　예 형이 책을 읽는 습관을 기르다.
㉡ 동물이나 식물을 보살펴 자라게 하다.
　　예 지효가 강아지를 기르다.
㉢ 몸이나 마음을 굳세게 하여 더 강하게 만들다.
　　예 언니가 운동으로 체력을 기르다.

1 저녁에 일찍 자는 버릇을 <u>기르다</u>. (　　　)

2 매일 연습하여 축구 실력을 <u>길렀다</u>. (　　　)

3 집에서 고양이를 여러 마리 <u>기른다</u>. (　　　)

06 괄호 안에서 바르게 쓴 어휘를 골라 ○표를 하시오.

1 큰 〔 화제 / 화재 〕가 나서 집이 모두 타 버렸다.

2 집중력을 〔 기르면 / 길르면 〕 책을 좀 더 오랫동안 읽을 수 있다.

3 수지는 부끄러움을 〔 무릅쓰고 / 무릎쓰고 〕 무대에 올라 노래를 불렀다.

07 밑줄 그은 부분에 들어갈 속담으로 알맞은 것은?　　　[✎　　]

　‘굴뚝’은 불을 땔 때 연기가 빠져나가는 곳이다. 불을 때야만 연기가 나고 불을 때지 않으면 당연히 연기가 나지 않는다. 그래서 "＿＿＿＿＿＿＿＿＿＿"라는 속담은 어떤 원인이 없으면 결과도 없다는 뜻을 나타낸다.

① 병 주고 약 준다　　　　　　② 화재 난 데 도둑질
③ 소 잃고 외양간 고친다　　　④ 불 안 땐 굴뚝에 연기 날까
⑤ 고래 싸움에 새우 등 터진다

08~10 다음 글을 읽고, 물음에 답하시오. 〈사회〉 **사회·문화**

소방관은 위험을 무릅쓰고 사람들의 생명을 구하는 직업입니다. 소방관들은 화재나 교통사고, 지진 같이 위험한 상황이 생기면 그곳으로 달려가서 불을 끄고 위험에 처한 사람들을 구합니다. 또 건물들이 화재에 안전한지, 소화기와 같은 도구가 갖춰져 있는지 살피는 일도 합니다. 소방관이 입는 옷은 불 속에서 몸을 보호할 수 있게 만들어져 굉장히 무겁습니다. 불을 끌 때 쓰는 호스나 사다리 같은 도구들도 무겁습니다. 그래서 소방관은 평소에 몸의 힘을 기르고 무거운 소방 도구들을 다루는 훈련을 합니다. 몸이 건강하고, 다른 사람들을 돕는 것을 좋아하는 사람이라면 훌륭한 소방관이 될 수 있습니다.

08 이 글의 핵심 내용을 파악하여 빈칸에 들어갈 알맞은 말을 쓰시오.

{ ☐☐☐이 하는 일 }

09 소방관이 하는 일로 알맞지 <u>않은</u> 것은? [✎   ]

① 사람들의 생명을 구한다.
② 화재가 난 곳에서 불을 끈다.
③ 위험한 상황이 생긴 곳으로 달려간다.
④ 건물들이 화재가 나도 안전한지 살핀다.
⑤ 사람들이 몸을 강하게 만드는 데 도움을 준다.

10 소방관이 평소에 하는 훈련으로 맞는 것에 ○표, 틀린 것에 ✕표를 하시오.

1 옷을 만든다. (   )

2 체력을 기른다. (   )

3 위험한 상황을 만든다. (   )

과학 열

05 요리를 해요

볶다

음식이나 음식의 재료를 물기가 적은 상태로 불에 올려 이리저리 자주 저으면서 익히다.

끓이다

액체를 몹시 뜨겁게 해 소리를 내면서 거품이 솟아오르게 하다.

채소를 볶고,
찌개를 끓여야지.

치 치
지 지지직
직

보글 보글

전을 부치는
중이야.

지글

지글

내 몫의 할 일은
정리로구나.

몫

여럿으로 나누어 가지는 각 부분

부치다

프라이팬 따위에 기름을 바르고 빈대떡, 전 따위의 음식을 익혀서 만들다.

01 빈칸에 공통으로 쓸 수 있는 어휘를 골라 ○표를 하시오.

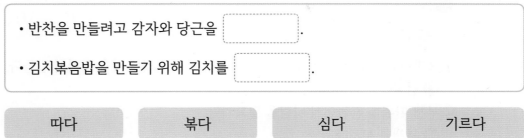

• 반찬을 만들려고 감자와 당근을 ☐ .

• 김치볶음밥을 만들기 위해 김치를 ☐ .

| 따다 | 볶다 | 심다 | 기르다 |

02 빈칸에 들어갈 알맞은 어휘를 쓰시오.

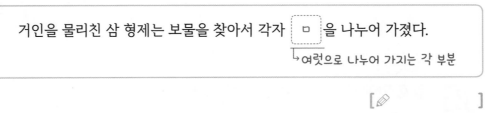

거인을 물리친 삼 형제는 보물을 찾아서 각자 ☐ㅁ☐ 을 나누어 가졌다.

└ 여럿으로 나누어 가지는 각 부분

[🖉   ]

03 빈칸에 쓸 수 있는 어휘를 보기 에서 골라 쓰시오.

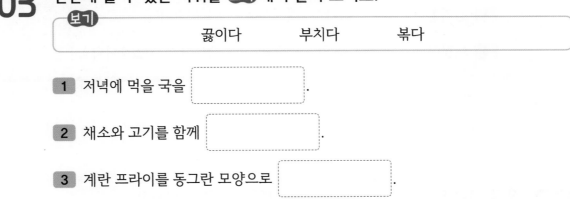

보기

끓이다   부치다   볶다

1 저녁에 먹을 국을 ☐ .

2 채소와 고기를 함께 ☐ .

3 계란 프라이를 동그란 모양으로 ☐ .

04 어휘의 뜻과 그 뜻에 맞는 어휘를 선으로 바르게 이으시오.

1 어떤 재료에 양념을 하여 볶아서 만든 음식   •   • ㉠ 부침

2 기름에 부쳐서 만드는 빈대떡, 전 따위의 음식   •   • ㉡ 볶음

05 밑줄 그은 어휘의 뜻을 보기에서 골라 그 기호를 쓰시오.

> **보기**
>
> **부치다**
>
> ㉠ 프라이팬 따위에 기름을 바르고 빈대떡, 전 따위의 음식을 익혀서 만들다.
>   예 명절에 전을 부치다.
> ㉡ 부채 따위를 흔들어서 바람을 일으키다.
>   예 부채를 부치다.

1 프라이팬에 달걀을 <u>부치다</u>. (   )

2 두꺼운 종이로 바람을 <u>부치다</u>. (   )

06 괄호 안에서 바르게 쓴 어휘를 골라 ○표를 하시오.

> **1** (떡복이 ┊ 떡볶이)를 먹고 이를 닦았습니다.
> --
> **2** 내 방을 청소하는 일은 항상 내 (몫 ┊ 목)입니다.
> --
> **3** 감자를 (볶아서 ┊ 복가서) 감자볶음을 만들었습니다.
> --
> **4** 여럿이 나누어 먹을 수 있도록 국을 (끓였습니다 ┊ 끄렸습니다).

07 밑줄 그은 말로 나타내기에 알맞은 상황에 ✔표를 하시오.

> '변덕'은 이랬다저랬다 잘 변하는 태도라는 뜻이다. 죽은 한번 끓기 시작하면 거품이 여기저기 튀면서 금세 끓어 넘친다. 그래서 이 두 내용이 합쳐진 "<u>변덕이 죽 끓듯 하다</u>"라는 말은 말이나 행동을 이랬다저랬다 하는 것을 뜻한다.

☐ 하기 싫었지만 숙제를 마쳐야 해서 겨우 끝냈다.

☐ 줄넘기를 잘해서 줄넘기 시험을 쉽게 통과하였다.

☐ 이 옷을 입었다가 저 옷을 입었다가 계속 마음을 바꿨다.

08~10 **다음 글을 읽고, 물음에 답하시오.** 과학 열

우리나라 음식은 다양한 요리 방법으로 만듭니다. 미역국이나 김치찌개와 같은 국이나 찌개는 끓여서 만드는 음식입니다. 우리나라에는 여러 가지 재료를 넣고 물을 부은 다음 끓여서 먹는 음식이 많습니다. 빈대떡이나 전 같은 부침개는 기름에 부쳐서 만드는 음식입니다. 그리고 다양한 채소를 작게 자른 후 그대로 볶거나, 양념을 넣어 볶는 볶음 요리도 있습니다. 우리나라에서는 음식을 먹을 때 각자의 몫을 국그릇과 밥그릇에 담아서 상에 놓은 후에 숟가락과 젓가락을 사용하여 먹습니다. 숟가락은 국이나 찌개가 많은 우리나라의 음식에 어울리는 도구이고, 젓가락은 작은 음식을 집을 수 있는 도구입니다.

08 이 글의 핵심 내용을 파악하여 빈칸에 들어갈 알맞은 말을 쓰시오.

{ 우리나라 음식의 ☐ ☐ 방법 }

09 다음 중 끓여서 만드는 음식이 <u>아닌</u> 것은? [✎]

① 떡국   ② 미역국
③ 빈대떡   ④ 된장찌개
⑤ 김치찌개

10 우리나라 음식과 숟가락이 잘 어울리는 이유를 알맞게 말한 사람에 ○표를 하시오.

그릇을 사용해.

국이나 찌개 같은 음식이 많아.

재료를 작게 잘라서 만든 음식이 많아.

( )   ( )   ( )

수학 측정

06 길이를 재요

재다

자나 저울로 물건의 길이, 크기, 무게 따위를 알아보다.

가로, 세로

- 가로: 왼쪽에서 오른쪽으로 나 있는 방향이나 길이
- 세로: 위에서 아래로 나 있는 방향이나 길이

나는 가로 길이를 잴게.

나는 세로 길이를 잴게.

두 수의 합을 잘 풀이했구나.

12+10 =22

합

더하다   합 合

둘 이상의 수나 식을 더하다. 또는 그렇게 얻은 값

풀이하다

어떤 문제가 요구하는 결과를 얻어 내다.

01 그림을 보고, 괄호 안에서 알맞은 어휘를 골라 ○표를 하시오.

이 창문은 (가로 ┊ 세로) 길이가 (가로 ┊ 세로) 길이보다 길다.

02 밑줄 그은 어휘와 뜻이 비슷한 어휘를 골라 ○표를 하시오.

줄자로 가구의 높이를 <u>재다</u>.

| 기르다 | 가리다 | 알아보다 | 관찰하다 |

03 빈칸에 쓸 수 있는 어휘를 보기에서 골라 쓰시오.

보기
재다   합하다   풀이하다

1 '2'와 '3'을 [   ].

2 체중계로 몸무게를 [   ].

3 선생님이 낸 수학 문제를 지수가 한번에 [   ].

04 '합(合)' 자가 들어간 보기의 어휘 중 빈칸에 알맞은 어휘를 골라 쓰시오.

보기
합심(合心)   합창(合唱)

1 친구들과 함께 노래를 [   ] 했다.
└ 여러 사람이 목소리를 맞추어서 노래를 부르다.

2 마을 사람들이 모두 [   ] 해서 눈을 치웠다.
└ 여러 사람의 마음이 한데 합하다.

05 밑줄 그은 어휘의 뜻을 보기에서 골라 그 기호를 쓰시오.

> 보기
>
> 재다
>
> ㉠ 잘난 척하며 으스대거나 뽐내다.
> 예 형은 운동을 잘한다며 항상 잰다.
> ㉡ 자나 저울 따위로 물건의 길이, 크기, 무게, 온도 따위를 알아보다.
> 예 체온계로 체온을 재다.
> ㉢ 고기 따위의 음식을 양념하여 그릇에 차곡차곡 담아 두다.
> 예 내 생일이라고 엄마가 갈비를 쟀다.

1 자를 대고 연필의 길이를 <u>재다</u>. (   )

2 저녁에 먹을 소고기를 양념에 <u>잰다</u>. (   )

3 운동과 공부를 잘하는 그 아이는 친구들 앞에서 <u>쟀다</u>. (   )

06 밑줄 그은 말의 뜻으로 알맞은 것은?

> 수학 문제를 풀이하기 위해 모두가 <u>머리를 모았다</u>.

① 서로 약속하다.　　　　　　② 무엇을 달라고 하다.
③ 하던 일을 그만두다.　　　　④ 사귀어 아는 사람이 많다.
⑤ 여러 사람의 의견을 한데 합하다.

07 밑줄 그은 부분에 들어갈 속담으로 알맞은 것에 ✓표를 하시오.

> 유미: 검도 대회가 열리는데 잘한다고 소문 난 아이와 대결하게 되었어. 아무래도 질
> 것 같아.
> 서아: 너도 검도를 잘하잖아. "_____"라는 속담처럼 누가
> 잘하고 못하는지는 겨뤄 보아야 알 수 있어. 힘내!

☐ 불 안 땐 굴뚝에 연기 날까

☐ 구슬이 서 말이라도 꿰어야 보배

☐ 길고 짧은 것은 재어 보아야 안다

08~10 다음 글을 읽고, 물음에 답하시오.   수학 측정

라니는 오늘 학교에서 자를 이용하여 길이를 재는 방법을 배웠습니다. 아래 그림과 같이 물건의 길이를 잴 때에는 길이를 재는 물건의 한끝을 자의 눈금 0에 맞춘 다음, 다른 끝에 있는 자의 눈금을 읽으면 알 수 있습니다.

라니는 배운 대로 자를 이용하여 네모 모양 색종이의 가로 길이와 세로 길이를 재었습니다. 색종이의 가로 길이는 5센티미터, 세로 길이는 3센티미터였습니다. 라니가 길이를 잰, 색종이의 가로의 길이와 세로의 길이를 합하면 모두 몇 센티미터일까요? 풀이하는 과정을 쓰고 답을 구하세요.

08 이 문제에서 묻고 있는 내용을 쓰시오.

{ 라니가 길이를 잰, 색종이의 가로 길이와 세로 길이의 [ ] }

09 라니가 길이를 잰, 색종이의 가로와 세로 길이는 각각 몇 센티미터인지 숫자로 쓰시오.

가로 길이	세로 길이
[ ]센티미터	[ ]센티미터

10 빈칸에 알맞은 숫자를 써넣어 문제의 풀이 과정을 완성하고 답을 구하시오.

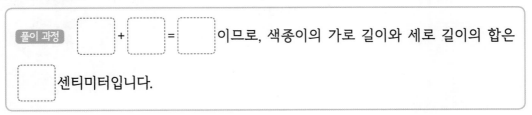

풀이 과정 [ ] + [ ] = [ ] 이므로, 색종이의 가로 길이와 세로 길이의 합은

[ ]센티미터입니다.

07 여기 앉으세요

사회 생활

엎다
위에 올려놓다.

양보
| 받지 않다 | 양 | 讓 |
| 뒤따르다 | 보 | 步 |

길, 자리, 물건 따위를 다른 사람에게 미루어 주다.

마중하다
오는 사람을 나가서 맞이하다.

뿌듯하다
기쁨이나 감동이 마음에 가득 차서 벅차다.

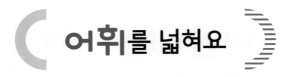

01 밑줄 그은 말과 뜻이 비슷한 어휘로 알맞은 것은? [✎   ]

> 다리를 다친 친구에게 자리를 <u>미루어 주었다</u>.

① 넘봤다　　② 구했다　　③ 양보했다　　④ 방어했다　　⑤ 관찰했다

02 보기 와 뜻이 같게 괄호 안의 어휘를 알맞게 바꾼 문장에 ✔표를 하시오.

> 보기
> 엄마는 선반에 있던 상자를 [내리고] 예쁜 그릇들을 [얹었다].

☐ 엄마는 선반에 있던 상자를 [끌어내리고] 예쁜 그릇들을 [높였다].
☐ 엄마는 선반에 있던 상자를 [내려놓고] 예쁜 그릇들을 [올려놓았다].

03 밑줄 그은 어휘가 알맞게 쓰이지 <u>않은</u> 문장을 골라 그 기호를 쓰시오.

> ㉠ 길에 버려진 강아지를 보니 마음이 <u>뿌듯하다</u>.
> ㉡ 어려운 수학 문제를 다 풀고 나니 정말 <u>뿌듯했다</u>.
> ㉢ 선생님께서 질서를 잘 지킨다고 칭찬해 주셔서 우리들 모두 <u>뿌듯했다</u>.
> ㉣ 축구 대회에서 멋진 실력을 보여 준 우리 반 친구들을 보니 매우 <u>뿌듯하다</u>.

[✎   ]

04 '마중'과 '배웅'은 뜻이 서로 반대인 어휘이다. 어휘의 뜻을 보고 빈칸에 들어갈 알맞은 어휘를 쓰시오.

> 시골에 계신 할머니가 오셔서 아빠가 기차역에 ❶ [   ] 을 나가셨다.
> ↳ 오는 사람을 나가서 맞이하다.

↕

> 나는 시골로 돌아가시는 할머니를 ❷ [   ] 했다.
> ↳ 떠나는 사람을 따라 나가서 인사를 나누고 보내다.

05 보기를 보고, 밑줄 그은 어휘를 바르게 고쳐 쓰시오.

> 보기
>
> 받침 'ㄵ'
>
> 'ㄴ'과 'ㅈ'을 어울러 쓴 글자로 이름은 '니은지읒'이다. 받침에만 쓰인다.

1 의자에 편하게 <u>안따.</u> → ☐ ☐

2 열이 나는 이마에 손을 <u>언따.</u> → ☐ ☐

06 밑줄 그은 부분에 들어갈 말로 알맞은 것에 ✓표를 하시오.

> 예지는 책을 읽다가 음료수를 그 위에 흘렸다. 예지는 혼이 날까 봐 책을 숨겨 놓았다. 나중에 엄마가 그 책을 보시고 무슨 일인지 물으셨지만 예지는 모르는 척했다. 엄마는 예지에게 잘못한 일이 없는지 _____ 생각해 보라고 하셨다.

☐ 가슴에 새기다

잊지 않게 단단히 마음속에 기억하다.

☐ 가슴에 손을 얹다

양심을 가지고 일이나 상황을 판단하다.

☐ 가슴이 방망이질하다

심장이 몹시 두근거리다.

07 밑줄 그은 속담으로 나타내기에 알맞은 사람은? [✎]

> 벼는 처음에는 꼿꼿이 서 있다가 익어서 알맹이가 무거워지면 고개가 아래로 구부러진다. "<u>벼 이삭은 익을수록 고개를 숙인다</u>"라는 속담은 이런 벼의 모습을 사람에 빗댄 것이다. 그래서 이 속담은 지식이 뛰어나고 훌륭한 사람일수록 남 앞에서 자신을 뽐내려고 하지 않는다는 뜻을 나타낸다.

① 아이들에게 항상 친절한 선생님
② 수학을 잘하고 싶어서 노력하는 진영
③ 반에서 키가 가장 작은 것을 싫어하는 호수
④ 영어를 잘하지만 잘한다고 내세우지 않는 진주
⑤ 자신이 청소를 가장 열심히 한다고 생각하는 주은

08~10 다음 글을 읽고, 물음에 답하시오. `사회 생활`

유주는 아빠와 함께 박물관 관람을 하고 집으로 돌아가기 위해 버스를 탔다. 버스에는 사람이 꽉 차 있어서 앉을 자리가 없었다. 자리가 나자 유주는 자리에 앉은 후 물건이 많이 든 배낭을 무릎 위에 얹었다. 몇 정류장을 지나 할머니가 버스에 타셨다. 유주는 할머니께 자리를 양보했다. 할머니는 고맙다고 말씀하시고 자리에 앉으셨다. 편하게 앉으신 할머니의 모습을 보니 유주는 매우 뿌듯했다. 아빠도 웃으시며 유주를 바라보셨다. 집 앞 버스 정류장에 내리니 엄마가 마중을 나와 계셨다. 버스 안에서 있었던 일을 들으신 엄마는 유주를 칭찬해 주셨다.

08 이 글의 핵심 내용을 파악하여 빈칸에 들어갈 알맞은 말을 쓰시오.

{ 버스에서 할머니께 자리를 ☐☐ 한 일 }

09 유주가 자리를 양보한 이유로 알맞은 것에 ✔표를 하시오.

☐ 엄마에게 칭찬을 받으려고
☐ 할머니가 앉으실 자리가 없어서
☐ 할머니가 다리가 아프다고 말씀하셔서

10 할머니께 자리를 양보한 유주의 마음으로 알맞은 것은?   [✎   ]

① 뿌듯한 마음
② 부러운 마음
③ 고마운 마음
④ 답답한 마음
⑤ 미안한 마음

08 다쳤을 때는 이렇게 해

입원

들어가다	입 入
집	원 院

환자가 병을 고치기 위하여 일정한 기간 동안 병원에 들어가 머물다.

염려

생각하다	염 念
걱정하다	려 慮

앞일에 대하여 여러 가지로 마음을 써서 걱정하다.

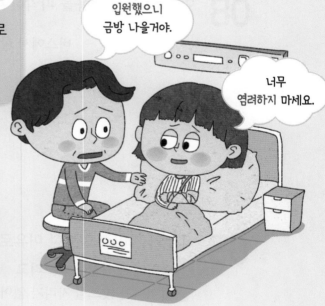

데다

불이나 뜨거운 기운 때문에 살이 상하다.

증상

증세	증 症
모양	상 狀

병을 앓을 때 나타나는 여러 가지 상태나 모양

36

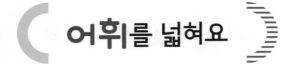

01 다음 어휘의 뜻으로 알맞은 어휘를 괄호 안에서 골라 ○표를 하시오.

데다

뜻 불이나 (차가운 | 뜨거운) 기운 때문에 (살 | 마음)이 상하다.

02 밑줄 그은 어휘와 뜻이 비슷한 어휘로 알맞은 것은? [✏]

정서는 비가 와서 소풍을 가지 못할까 봐 염려했다.

① 설렜다 ② 걱정했다 ③ 화해했다
④ 반복했다 ⑤ 잃어버렸다

03 빈칸에 공통으로 들어갈 알맞은 어휘에 ○표를 하시오.

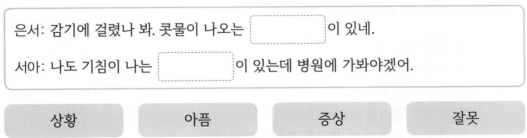

은서: 감기에 걸렸나 봐. 콧물이 나오는 [   ]이 있네.

서아: 나도 기침이 나는 [   ]이 있는데 병원에 가봐야겠어.

| 상황 | 아픔 | 증상 | 잘못 |

04 '입원'과 '퇴원'은 뜻이 반대인 어휘이다. 어휘의 뜻을 보고 빈칸에 들어갈 알맞은 어휘를 쓰시오.

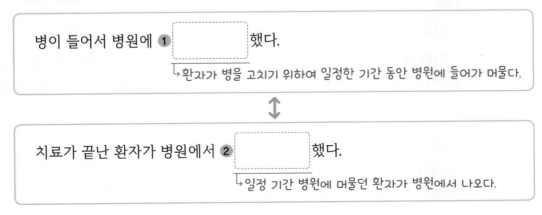

병이 들어서 병원에 ❶ [   ]했다.
⤷ 환자가 병을 고치기 위하여 일정한 기간 동안 병원에 들어가 머물다.

⬍

치료가 끝난 환자가 병원에서 ❷ [   ]했다.
⤷ 일정 기간 병원에 머물던 환자가 병원에서 나오다.

05 보기를 보고, 괄호 안에서 알맞은 어휘를 골라 ○표를 하시오.

> **보기**
>
> | **데다** | 불이나 뜨거운 기운 때문에 살이 상하다. |
> | | 예 끓는 물에 손을 데다. |
> | **대다** | 무엇을 어디에 닿게 하다. |
> | | 예 벽에 등을 대다. |

1 전화가 와서 휴대 전화를 얼른 귀에 (데다 | 대다).

2 뜨거운 주전자를 잡다가 손가락을 (데었다 | 대었다).

06 밑줄 그은 말의 뜻으로 알맞은 것은?

[✎　　　]

> 텔레비전에 자전거로 묘기를 하는 사람이 나왔다. 그 사람은 자전거를 타고 갖가지 묘기를 보여 주었다. 하지만 우리가 자전거를 타고 그렇게 위험한 행동을 한다면 다칠 것이 불을 보듯 뻔하다.

① 급한 일을 먼저 처리한다.
② 작은 일도 확실하게 처리한다.
③ 다른 사람을 의심하지 않는다.
④ 앞으로 일어날 일이 아주 분명하다.
⑤ 다른 사람의 것에 욕심을 부리지 않는다.

07 보기를 보고, 이 한자 성어를 알맞게 사용한 문장을 골라 ✓표를 하시오.

> **보기**
>
> | **기우** | 기(杞) 나라 이름 　우(憂) 걱정 |
>
> '기(杞)나라 사람의 걱정'이라는 뜻의 한자 성어이다. 옛날 중국 기나라에 살던 한 사람이 하늘이 무너지면 어디로 피해야 할지를 걱정하느라 자고 먹는 것을 잊었다는 데서 생긴 말이다. 앞일에 대해 쓸데없는 걱정을 한다는 뜻으로 사용한다.

☐ 예쁘지만 작아서 입지 못하는 옷은 <u>기우</u>이다.
☐ 엄마가 아끼시는 유리잔을 깨뜨려서 <u>기우</u>가 없다.
☐ 하늘의 해가 떨어질지도 모른다는 생각은 <u>기우</u>일 뿐이다.

08~10 다음 글을 읽고, 물음에 답하시오.　　　　　　　　사회 생활

> 보건 선생님: 아프거나 다쳤을 때는 어떻게 해야 할까요?
>
> 시우: 아픈 증상을 선생님이나 주위 어른들께 알려야 해요.
>
> 보건 선생님: 맞아요. 어떤 어린이들은 장난을 치다가 다치면 혼날 것을 염려해서 아픈 것을 숨기기도 해요. 하지만 빨리 치료를 하지 않으면 상처가 더 심해질 수 있어요.
>
> 하린: 달리다가 넘어져서 걸을 수 없을 때는 어떻게 해야 하나요?
>
> 보건 선생님: 움직이면 더 아플 수 있으니 움직이지 말고, 부모님이나 주변 어른께 알려서 함께 병원으로 가야 해요. 많이 다쳤을 때는 병원에 입원할 수도 있어요.
>
> 예지: 그럼 손을 데었을 때는 어떻게 해야 해요?
>
> 보건 선생님: 상처를 흐르는 물에 20분 이상 대고 있어야 해요. 심하게 데었을 때는 곧바로 병원에 가야 해요.

08 이 글의 핵심 내용을 파악하여 빈칸에 들어갈 알맞은 말을 쓰시오.

{ 아프거나 [　][　][　] 때 해야 할 일 }

09 아픈 증상을 숨기면 안 되는 이유로 알맞은 것은?　　[✐　]

① 어른들께 혼나기 때문에
② 장난을 치면 안 되기 때문에
③ 병원에 가지 않아도 되기 때문에
④ 빨리 치료하지 않으면 더 심해질 수 있기 때문에
⑤ 시간이 지나면 아픈 증상이 나타나지 않기 때문에

10 이 글에서 알 수 있는 다친 상황에 해야 할 행동을 선으로 바르게 이으시오.

| 1 | 손을 데었을 때 | • | • ㉠ | 움직이지 않고 병원으로 간다. |
| 2 | 걸을 수 없을 때 | • | • ㉡ | 상처를 흐르는 물에 20분 이상 댄다. |

03

국어 말하기

연극을 했어요

되풀이하다

같은 말이나 일을 자꾸 하다. 또는 같은 일을 자꾸 일으키다.

등장

오르다	등	登
마당	장	場

무대나 연단 따위에 나오다.

이 케이크를 고른 게 후회되네.

고르다

여럿 중에서 가려내거나 뽑다.

후회

뒤	후	後
뉘우치다	회	悔

이전의 잘못을 깨닫고 뉘우치다.

40

어휘를 넓혀요

01 밑줄 그은 어휘와 뜻이 비슷한 어휘를 골라 ○표를 하시오.

> 민서는 엄마의 말씀을 듣지 않은 것을 <u>후회했다</u>.
> ↳ 뉘우쳤다 ｜ 염려했다

02 다음 어휘와 뜻이 반대인 어휘를 골라 ○표를 하시오.

> **퇴장하다**
>
> 뜻 • 어떤 장소에서 물러나다.
> • 연극 무대에서 등장인물이 무대 밖으로 나가다.

| 연장하다 | 등장하다 | 긴장하다 | 저장하다 |

03 밑줄 그은 어휘와 뜻이 비슷한 어휘로 알맞은 것은? [✎]

> 현서는 같은 노래를 <u>되풀이하여</u> 불렀다.

① 가려 　　② 덧붙여 　　③ 합하여 　　④ 반복하여 　　⑤ 생각하여

04 빈칸에 '고르다'를 쓸 수 <u>없는</u> 문장의 기호를 쓰시오.

> ㉠ 자루에 담긴 공들 중에서 빨간 공만 [　　　].
>
> ㉡ 괄호 안에서 문장의 뜻에 맞는 어휘를 [　　　].
>
> ㉢ 나는 할아버지께 선물할 적당한 물건을 [　　　].
>
> ㉣ 우리들은 축구 시합에서 이기기 위해 힘을 [　　　].

[✎]

05 밑줄 그은 어휘의 뜻을 보기 에서 골라 그 기호를 쓰시오.

> **보기**
>
> 고르다
>
> ㉠ 여럿 중에서 가려내거나 뽑다.
> 　예 사과 중에서 좋은 것만 고르다.
> ㉡ 여럿이 다 높낮이, 크기, 양 따위의 차이가 없이 한결같다.
> 　예 선수들의 실력이 모두 고르다.

1 방바닥이 울퉁불퉁하지 않고 고르다. (　　　)

2 여러 물건 중에서 임금님께 바칠 것을 고르다. (　　　)

06 밑줄 그은 어휘와 어휘의 뜻을 선으로 바르게 이으시오.

1 　감기에 걸려서 자꾸 기침이 난다. 　　•

2 　나는 늘 친구와 함께 학교에 간다. 　　•

3 　그 문제들을 다시 풀면 다 맞힐 수 있다. 　　•

　　•㉠ 계속하여 언제나

　　•㉡ 하던 것을 되풀이해서

　　•㉢ 여러 번 반복하거나 끊임없이 계속하여

07 밑줄 그은 말을 사용할 상황으로 알맞은 것은? 　　[　　]

> "입에 달고 다니다"라는 말은 말이나 이야기 따위를 습관적으로 되풀이하거나 자주 사용한다는 뜻이다. 먹을 것을 쉴 새 없이 입에서 떼지 않고 지낸다는 뜻도 함께 가지고 있다.

① 친구들이 모두 같은 의견을 말할 때
② 갖고 싶었던 선물을 받아 너무 기쁠 때
③ 외국에서 겪은 신기한 이야기를 들을 때
④ 말이 많던 친구가 갑자기 말을 하지 않을 때
⑤ 한 가수의 팬인 친구가 그 가수의 이야기만 계속할 때

08~10 다음 글을 읽고, 물음에 답하시오.   국어 말하기

| 날짜 | 20○○년 10월 30일 | 날씨 | 맑음. |

　오늘은 학교에서 발표회를 하는 날이다. 우리 반은 지난 한 달 동안 '흥부와 놀부'라는 연극을 준비했다. 나는 놀부의 아내 역할을 맡았다. 대사가 적어서 몇 번 **되풀이하니까** 대사를 외울 수 있었다. 드디어 내 순서가 되어서 무대에 **등장했다**. 그런데 갑자기 대사가 생각이 나지 않았다. 앞에 서 계시던 선생님께서 대사를 작게 말씀해 주셨다. 나는 더듬더듬 대사를 하고 무대에서 퇴장했다. 내가 스스로 **고른** 역할이어서 잘 해내고 싶었는데……. 지금도 대사를 더듬었던 장면을 떠올리면 더 열심히 연습할 걸 하고 후회가 된다.

08 이 글의 핵심 내용을 파악하여 빈칸에 들어갈 알맞은 말을 쓰시오.

{ 　[　][　] 에서 실수하고 후회한 일 }

09 글쓴이가 연극에서 한 실수로 알맞은 것에 ✔표를 하시오.

☐ 대사를 잊어버렸다.
☐ 연기 순서를 잊어버렸다.
☐ 자기 차례가 아닌데 무대에 등장했다.

10 연극이 끝난 후, 글쓴이가 느낀 마음으로 알맞은 것은?   [✎ 　]

① 친구들이 화낼까 봐 걱정스러웠다.
② 엄마가 실수를 봤을까 봐 부끄러웠다.
③ 선생님이 실망하신 것 같아 긴장했다.
④ 연극에서 맡은 역할이 마음에 들지 않았다.
⑤ 연습을 더 열심히 하지 않은 것을 후회했다.

10

사회 환경

세계 물의 날

함부로

조심하거나 깊이 생각하지
않고 마음 내키는 대로 마구

새다

기체, 액체 따위가 틈이나
구멍으로 조금씩 빠져 나가
거나 나오다.

함부로 물통을 흔들면
물이 다 샐 거야.

세종대왕님은
정말 훌륭한 분이구나!

세종 대왕의 업적을
기념하여 세운 거야!

일깨우다

일러 주거나 가르쳐서 깨닫
게 하다.

기념

| 기록하다 | 기 | 記 |
| 생각하다 | 념 | 念 |

어떤 뜻깊은 일이나 훌륭한
인물 등을 오래도록 잊지
않고 마음에 간직하다.

어휘를 넓혀요

01 밑줄 그은 어휘와 뜻이 비슷한 어휘를 골라 ○표를 하시오.

> 쓰레기를 아무 데나 <u>함부로</u> 버리면 거리가 지저분해진다.
> ↳ 마구 ┃ 무사히

02 문장의 빈칸에 들어갈 알맞은 어휘를 골라 선으로 이으시오.

1 물통 뚜껑이 열려서 물이 [   ].   •   • ㉠ 새다

2 이번 화재는 불의 위험성을 [   ].   •   • ㉡ 일깨우다

03 빈칸에 공통으로 들어갈 어휘로 알맞은 것은? [✎   ]

> 지운: 학교가 생긴 날을 기억하려고 만든 날을 '개교[   ]일'이라고 한대.
> 다해: 우리도 우리가 친해진 것을 [   ]하는 날을 정해서 만나자.
> 은우: 좋은 생각이다. 해마다 그날 만나서 즐겁게 놀자.

① 개학   ② 기억   ③ 생각   ④ 기념   ⑤ 계획

04 '기(記)' 자가 들어간 보기의 어휘 중 빈칸에 알맞은 어휘를 골라 쓰시오.

> **보기**
> 일기(日記)   기사(記事)

1 매일 [   ]를 쓰면 그날 한 일을 기억할 수 있다.
↳ 날마다 그날그날 겪은 일이나 생각, 느낌 따위를 적는 기록

2 나는 인터넷에서 태풍이 온다는 뉴스 [   ]를 읽었다.
↳ 사실을 쓴 글

05 보기를 보고, 괄호 안에서 알맞은 어휘를 골라 ○표를 하시오.

> **보기**
>
> | 새다 | 틈이나 구멍으로 조금씩 빠져 나가거나 나오다. |
> |---|---|
> | | 예 수도꼭지가 고장 나서 물이 새다. |
> | 세다 | 사물의 낱낱의 수를 헤아리거나 꼽다. |
> | | 예 남은 과자의 수를 세다. |

1 네가 나올 때까지 열을 (샌다 ｜ 센다).

2 이 낡은 공은 터져서 바람이 (샌다 ｜ 센다).

3 오늘 학원에 온 학생들의 수를 (새다 ｜ 세다).

06 밑줄 그은 말과 바꾸어 쓸 수 있는 말로 알맞은 것은?　[✎　　]

> 준하: 소희랑 가위바위보를 하는데 내가 계속 졌어. 결국 소희에게 짜증을 내고 집에 와 버렸어.
>
> 시하: 화가 난다고 해서 그렇게 <u>앞뒤를 가리지 않고</u> 행동하면 나중에 후회할 거야.

① 모두 함께 도와서
② 시간을 끌며 천천히
③ 앞으로 두고두고 뉘우치면서
④ 자기와는 전혀 관계없다는 듯이
⑤ 이것저것 생각하지 않고 함부로

07 밑줄 그은 속담의 뜻으로 알맞은 것은?　[✎　　]

> 엄마: 책상 위를 이렇게 어지르면 어떡하니?
>
> 우주: 저는 괜찮아요. 학교의 내 책상도 이런 걸요.
>
> 엄마: <u>집에서 새는 바가지는 들에 가도 샌다</u>더니. 집에서도 정리를 안 하는데 학교에서도 마찬가지구나.

① 믿었던 사람이 배신을 하여 오히려 손해를 입는다.
② 윗사람의 행동을 아랫사람이 보고 따라 배우게 된다.
③ 자기는 더 큰 흉이 있으면서 도리어 남의 작은 흉을 본다.
④ 사람이 지닌 나쁜 성질이나 버릇은 어디에 가나 드러나기 마련이다.
⑤ 자그마한 나쁜 일도 자꾸 해서 버릇이 되면 나중에 큰 죄를 짓게 된다.

08~10 다음 글을 읽고, 물음에 답하시오. 사회 환경

물의 날이 있다는 것을 알고 있나요? 1992년에 세계 여러 나라 대표들이 모여 환경에 대하여 이야기를 나누었습니다. 회의에서 각 나라의 대표들은 물의 소중함을 알리고 물에 대한 관심을 일깨우기로 하였습니다. 그래서 3월 22일을 '세계 물의 날'로 정하고, 1993년부터 이 날을 기념하고 있습니다. 지구에는 먹을 물이 부족한 나라, 물이 더러워져 큰 어려움을 겪는 나라들이 많습니다. 물을 함부로 쓴다면 우리도 어려움을 겪게 될 수 있습니다. 물을 아끼는 방법은 어렵지 않습니다. 물이 새지 않도록 수도꼭지를 잘 잠그고, 손을 씻거나 세수를 할 때 물을 받아서 사용하면 됩니다. 우리의 작은 행동이 물을 아끼는 데 큰 도움이 될 것입니다.

08 이 글의 핵심 내용을 파악하여 빈칸에 들어갈 알맞은 말을 쓰시오.

'세계 ☐의 날'과 물을 아끼는 방법

09 물을 아끼는 방법으로 맞는 것에 ○표, 틀린 것에 ✕표를 하시오.

1 물을 받아서 세수한다. (   )

2 물이 새지 않도록 수도꼭지를 잠근다. (   )

3 양치질을 하는 동안 물을 틀어 놓는다. (   )

10 '세계 물의 날'에 대한 설명으로 알맞은 것은? [✎   ]

① 2월 22일이다.

② 우리나라에서 정한 날이다.

③ 물의 소중함을 알리는 날이다.

④ 물이 부족한 나라를 돕기 위해 정한 날이다.

⑤ 세계 여러 나라들이 모여 회의를 한 것을 기념하는 날이다.

수학 연산

11 몇십몇 더하기 몇십몇

맴돌다

일정한 범위나 장소에서 되풀이하여 움직이다.

집중

모으다	집	集
가운데	중	中

한 가지 일에 모든 힘을 쏟아붓다.

동생이 주위를 맴돌고 있지만 책에 집중해야지.

줄을 맞춰서 과자를 놓아야지.

맞추다

사람, 물건이 늘어선 줄이나 차례 따위에 똑바르게 하다.

낱개

여럿 가운데 따로따로인 한 개 한 개

01 그림을 보고, 빈칸에 공통으로 들어갈 알맞은 어휘를 쓰시오.

구슬을 10개씩 두 개의 주머니에 넣으니 구슬이 | ㄴ | ㄱ | 로 7개 남았다. 10개씩 묶음 2개와 | ㄴ | ㄱ | 7개이므로 구슬은 모두 27개이다.

[✎]

02 빈칸에 공통으로 들어갈 어휘로 알맞은 것은?

[✎]

• 수줍음이 많은 소년이 소녀의 주위를 [   ].

• 하고 싶은 말이 나오지 않고 입안에서만 [   ].

① 가렸다   ② 맴돌았다   ③ 쏟아졌다   ④ 움직였다   ⑤ 되풀이했다

03 밑줄 그은 말과 뜻이 비슷한 어휘를 골라 ○표를 하시오.

학생들은 모든 힘을 쏟아부어서 그 문제를 끝까지 풀었다.

헷갈려서   생각해서   집중해서   상상해서

04 밑줄 그은 어휘가 알맞게 쓰이지 않은 문장을 골라 그 기호를 쓰시오.

㉠ 동화책들을 번호 순서대로 맞추어 정리했다.
㉡ 우리 반 친구들은 줄을 맞추어 교실 문 앞에 섰다.
㉢ 두 나라는 서로 맞추어 있어 국민들이 자주 오갔다.
㉣ 공책에 큰 숫자부터 작은 숫자로 순서를 맞추어 썼다.

[✎]

05 보기를 보고, 괄호 안에서 알맞은 어휘를 골라 ○표를 하시오.

> **보기**
>
> **맞추다** 사람, 물건이 늘어선 줄이나 차례 따위에 똑바르게 하다.
>
> 예 연필을 길이 순서대로 맞추다.
>
> **맞히다** 문제에 대한 답을 틀리지 않게 하다.
>
> 예 열 문제 중에 여덟 문제를 맞히다.

1 수수께끼의 정답을 (맞추다 / 맞히다).

2 이 숫자 카드들을 번호 순서대로 (맞추다 / 맞히다).

06 밑줄 그은 어휘를 바르게 고쳐 쓰시오.

1 과자가 <u>낱개</u>로 포장되어 있다.

↳ ☐☐

2 나는 길을 찾지 못해 같은 곳을 <u>멤돌았다</u>.

↳ ☐☐☐☐

07 밑줄 그은 부분에 공통으로 들어갈 말로 알맞은 것에 ✓표를 하시오.

> • 아무리 ＿＿＿＿＿＿＿＿＿＿ 사람 그림자도 보이지 않았다.
>
> • 혹시나 하는 마음에 ＿＿＿＿＿＿＿＿＿＿ 내가 찾던 그 사람이 맞았다.

☐ 눈을 씻고 보다

정신을 바짝 차리고 집중하여 보다.

☐ 발이 넓다

사귀어 아는 사람이 많아 활동하는 범위가 넓다.

☐ 가슴이 타다

마음속으로 고민하여 가슴이 뜨거워지는 것 같다.

08~10 다음 글을 읽고, 물음에 답하시오. 수학 연산

오늘 수학 시간에는 '몇십몇과 몇십몇을 덧셈하는 방법'을 알아보겠습니다. 이 덧셈은 10개씩 묶음은 10개씩 묶음끼리, 낱개는 낱개끼리 줄을 맞추어 쓴 후에 낱개는 낱개끼리, 10개씩 묶음은 10개씩 묶음끼리 더하여 구합니다. 다음 덧셈식 '36+51'을 계산하는 방법을 집중해서 보세요.

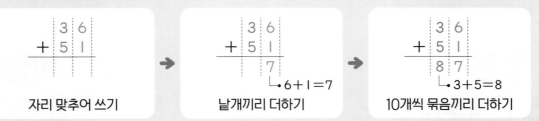

자리 맞추어 쓰기 → 낱개끼리 더하기 (6+1=7) → 10개씩 묶음끼리 더하기 (3+5=8)

덧셈을 할 때는 연필로 쓰면서 하는 게 좋습니다. 그렇지 않으면 숫자가 머릿속에서만 맴돌다 사라질 수 있습니다. 그럼, 여러분이 ㉠32+14를 계산해 보세요.

08 이 글의 핵심 내용을 파악하여 빈칸에 들어갈 알맞은 말을 쓰시오.

몇십몇과 몇십몇을 [ ][ ] 하는 방법

09 '몇십몇과 몇십몇을 덧셈하는 방법'을 알맞게 말한 사람에게 ✓표를 하시오.

☐ 머릿속으로만 덧셈식을 세웠어.

☐ 10개씩 묶음과 낱개를 먼저 더했어.

☐ 10개씩 묶음은 10개씩 묶음끼리, 낱개는 낱개끼리 더했어.

10 ㉠의 답으로 알맞은 것은?

① 36 ② 42 ③ 45 ④ 46 ⑤ 49

사회 법

12 차도를 건너는 방법

안전
| 편안하다 | 안 安 |
| 무사하다 | 전 全 |

위험이 생기거나 사고가 날 염려가 없다.

횡단보도
가로	횡 橫
끊다	단 斷
걷다	보 步
길	도 道

사람이 가로로 건너다닐 수 있도록 차도 위에 놓인 길

여기는 안전한 곳이야.

좌우를 살피면서 건너야 해.

좌우
| 왼쪽 | 좌 左 |
| 오른쪽 | 우 右 |

옆이나 곁 또는 주변을 가리키는 말

살피다

이것저것을 조심하여 자세히 보다.

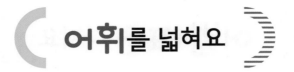
01 빈칸에 들어갈 알맞은 어휘를 쓰시오.

> 지난주에 가족들과 함께 수목원에 다녀왔다. ㅈ ㅇ 에 가득한 꽃들과 나무들
> 이 우리를 보고 웃는 것 같았다. └ 옆이나 곁 또는 주변을 가리키는 말

[✎   ]

02 밑줄 그은 어휘와 뜻이 비슷한 어휘를 골라 ◯표를 하시오.

> 다람쥐는 머리만 조금 내밀고 밖을 조심히 <u>둘러보았다</u>.

| 찾았다 | 살폈다 | 걱정했다 | 건너다녔다 |

03 보기를 보고, 빈칸에 들어갈 알맞은 어휘를 골라 쓰시오.

> 보기
>
> 안전하다 ↔ 위험하다
> 반대의 뜻

1 이 계단은 높아서 동생이 오르기에 [　　　　] .

2 자전거를 탈 때에는 안전모를 쓰는 것이 [　　　　] .

04 '도(道)' 자가 들어간 보기의 어휘 중 빈칸에 알맞은 어휘를 골라 쓰시오.

> 보기
>
> 인도(人道)   복도(複道)

1 길을 다닐 때에는 반드시 [　　　　]로 다녀야 한다.
└ 사람이 다니도록 만든 도로

2 선생님께서 [　　　　]에서 뛰어다니지 말라고 하셨다.
└ 건물 안에 다니게 된 통로

05 보기를 보고, 괄호 안에 알맞은 어휘를 쓰시오.

보기

좌(左) + 우(右) → 좌우(左右)

왼쪽   오른쪽   '왼쪽'과 '오른쪽'을 함께 이르는 말로,
'옆이나 곁 또는 주변'을 가리킨다.

1 '밤'과 '낮'을 함께 이르는 말로, '늘'이라는 뜻으로도 사용한다.

[✎   ]

2 '강'과 '산'을 함께 말하여 '자연의 경치', '우리나라의 땅'을 나타내기도 한다.

[✎   ]

06 어휘와 어휘의 뜻을 선으로 바르게 이으시오.

1 건너뛰다 •   • ㉠ 건너편에 있는 것을 쳐다보다.

2 건너다보다 •   • ㉡ 어떤 곳을 건너서 왔다 갔다 하다.

3 건너다니다 •   • ㉢ 일정한 공간을 사이에 두고 건너편으로 뛰다.

07 밑줄 그은 속담의 뜻으로 알맞은 것은?

[✎   ]

우리 할머니는 주무시기 전에 가스는 잠겼는지, 문은 닫혔는지 다시 한번 살피신다. 엄마가 이미 확인했다고 말씀드려도 <u>돌다리도 두들겨 보고 건너는</u> 것이 안전하다고 말씀하신다.

① 다른 사람의 말을 믿어야 한다.
② 자신이 하던 일을 계속해야 한다.
③ 다른 사람의 일에 참견하지 않아야 한다.
④ 다른 사람과 자신을 비교하지 말아야 한다.
⑤ 잘 아는 일이라도 꼼꼼하게 주의를 해야 한다.

08~10 다음 글을 읽고, 물음에 답하시오. 　사회 법

　차들은 차도로 다니고, 사람들은 인도로 다닙니다. 사람들이 안전하게 차도를 건너려면 횡단보도를 이용해야 합니다. 횡단보도를 건널 때에는 횡단보도 앞에 있는 노란 선 안에 멈춰 서서 신호등이 초록 불로 바뀔 때까지 기다려야 합니다. 신호등이 초록 불로 바뀌어도 바로 건너면 안 됩니다. 좌우를 보고 혹시 차가 오고 있지 않은지 살핍니다. 그 후에 횡단보도의 오른쪽에 서서 손을 들고 횡단보도를 건넙니다. 횡단보도를 건너는 동안에는 차가 움직이지 않고 멈춰 있는지 확인합니다. 신호등이 없는 횡단보도는 되도록 건너지 않거나 어른과 함께 건너는 것이 안전합니다.

08 이 글의 핵심 내용을 파악하여 빈칸에 들어갈 알맞은 말을 쓰시오.

{ ☐☐☐☐ 로 안전하게 길을 건너는 방법 }

09 다음 내용을 보고 바르지 않은 것에 ✓표를 하시오.

횡단보도를 안전하게 건너는 방법

☐ 횡단보도의 오른쪽으로 건넙니다.
☐ 신호등이 초록 불로 바뀌면 건넙니다.
☐ 횡단보도 앞 노란 선에서 일단 멈춰 섭니다.
☐ 횡단보도를 건너는 동안에는 계속 앞만 봅니다.

10 신호등이 없는 횡단보도를 안전하게 건너는 방법으로 알맞은 것은? [✎　　]

① 혼자서 건넌다.　　　　　② 뛰어서 건넌다.
③ 차가 적으면 건넌다.　　　④ 어른과 함께 건넌다.
⑤ 왼쪽만 보고 건넌다.

13

과학 몸

피부가 거칠거칠해

습도

축축하다	습 濕
정도	도 度

공기가 축축한 정도

비가 오니까 습도가 높구나.

건조

마르다	건 乾
마르다	조 燥

말라서 축축한 기운이 없다.

날씨가 너무 건조해.

이 로봇이 더 낫구나.

이 로봇은 만들기 까다롭구나.

낫다

보다 더 좋거나 앞서 있다.

까다롭다

조건 따위가 복잡하거나 엄격하여 다루기 쉽지 않다.

01 빈칸에 들어갈 알맞은 어휘를 쓰시오.

> 여름에 여러 날 동안 비가 많이 오는 날씨를 '장마'라고 한다. 장마 때에는 덥고
> ㅅ ㄷ 가 높은 날이 이어진다. 반대로 비가 오랫동안 내리지 않아 메마른 날씨
> 를 '가뭄'이라고 한다. 가뭄이 들면 물이 부족해져서 농사를 짓기 어렵다.

[✎   ]

02 문장의 빈칸에 들어갈 알맞은 어휘를 골라 선으로 이으시오.

1 밖에서 놀기에는 겨울보다 가을이 [   ]. •   • ㉠ 낫다

2 이 단어는 받침이 어려워서 쓰기가 [   ]. •   • ㉡ 까다롭다

03 밑줄 그은 어휘와 뜻이 비슷한 어휘를 골라 ○표를 하시오.

> 사막에서는 건조한 공기 때문에 식물이 살기 어렵다.

젖은   메마른   축축한   내리쬐는

04 밑줄 그은 어휘와 뜻이 반대인 어휘를 골라 ○표를 하시오.

> 그 기계는 다루기 쉽다.

일깨우다   후회하다   고약하다   까다롭다

05 밑줄 그은 어휘의 뜻을 보기에서 골라 그 기호를 쓰시오.

> 보기
>
> | 낫다 |
>
> ㉠ 보다 더 좋거나 앞서 있다.
>   예 형이 나보다 농구 실력이 낫다.
> ㉡ 병이나 상처 따위가 고쳐져 본래대로 되다.
>   예 약을 먹었더니 병이 낫다.

1 푹 쉬니 감기가 낫다. (   )

2 이 책보다 저 책이 읽기에 더 낫다. (   )

3 아빠는 엄마보다 음식 솜씨가 낫다. (   )

06 괄호 안에서 바르게 쓴 어휘를 골라 ○표를 하시오.

1 그 청년은 왕이 낸 (까다롭운 | 까다로운) 문제를 풀었다.

2 수학 문제가 너무 (어렵워서 | 어려워서) 문제를 풀지 못했다.

07 밑줄 그은 부분에 공통으로 들어갈 어휘로 알맞은 것은? [✎   ]

> • 백지장도 맞들면 _____ : 백지장은 흰 종이 한 장을 말한다. 종이 한 장을 드는 일처럼 쉬운 일이라도 서로 도우면 훨씬 쉽다는 뜻의 속담이다.
> • 먼 사촌보다 가까운 이웃이 _____ : 가까이 살아서 자주 보는 사람과 더 친해지고 도움을 주고받기도 쉽다는 뜻의 속담이다.

① 낫다   ② 멀다   ③ 가볍다   ④ 힘들다   ⑤ 불편하다

08~10 다음 글을 읽고, 물음에 답하시오.

과학 몸

　겨울에는 공기가 차가워지고 습도도 내려갑니다. 습도가 내려가면 피부가 건조해져 따끔따끔하고 가렵기도 합니다. 아이들은 피부가 가렵다고 긁어서 상처를 내기도 합니다. 아이들의 피부는 어른보다 연약하기 때문에 관리하기가 까다롭습니다. 겨울에 피부를 건강하게 관리하기 위해서는 물을 충분히 마셔야 합니다. 차가운 물보다는 미지근한 물을 마시는 것이 낫습니다. 그리고 집 안의 습도를 알맞게 유지해야 합니다. 가습기를 틀거나 젖은 수건을 걸어 두면 도움이 됩니다. 또 보습제를 발라서 피부를 보호해 줍니다. 목욕을 하고 난 후 바로 보습제를 바르는 것이 좋습니다.

08 이 글의 핵심 내용을 파악하여 빈칸에 들어갈 알맞은 말을 쓰시오.

{ 　□□　에 건조한 피부를 관리하는 방법 }

09 피부를 보호하는 방법으로 알맞은 것에 ○표, 틀린 것에 ✕표를 하시오.

1 보습제를 바른다. (　　　)

2 목욕을 자주 한다. (　　　)

3 미지근한 물을 많이 마신다. (　　　)

10 어른보다 아이의 피부가 관리하기 까다로운 이유는? [✎　　]

① 연약하기 때문에
② 상처가 나기 때문에
③ 집 안에만 있기 때문에
④ 공기가 건조하기 때문에
⑤ 더러운 것이 묻기 때문에

국어 쓰기

14 문장 부호를 써요

결코

어떤 경우에도 절대로

그리는 중이야.
결코 완성한 작품이
아니야.

완성

| 완전하다 | 완 | 完 |
| 이루다 | 성 | 成 |

완전히 다 이루다.

어떤 옷이 있는지
훑어보자.

훑어보다

한쪽 끝에서 다른 끝까지
쭉 보다.

나한테 잘
어울린다.

어울리다

여럿이 서로 잘 조화되어
자연스럽게 보이다.

01 빈칸에 공통으로 들어갈 알맞은 어휘에 ○표를 하시오.

> • 엄마가 그릇 가게에 놓인 찻잔들을 대강 [   ].
>
> • 진우가 책장에 놓인 책들의 제목을 한번 [   ].

맴돌다	부치다	훑어보다	일깨우다

02 괄호 안에서 알맞은 어휘를 골라 ○표를 하시오.

> 엄마가 새 옷을 사 주셨다.
> 그 옷에는 운동화보다 구두가 더 잘 (어울린다 | 비슷하다).
> 내일 새 옷을 입고 구두를 신고 학교에 갈 생각을 하니 기분이 좋다.

03 밑줄 그은 어휘와 뜻이 비슷한 어휘로 알맞은 것은? [✎   ]

> 나는 공룡 박물관에 갔던 체험 학습을 <u>결코</u> 잊을 수 없다. 왜냐하면 체험 학습을 한 뒤, 공룡에 대해 연구하는 과학자가 되겠다는 꿈을 가지게 되었기 때문이다.

① 자꾸   ② 그냥   ③ 간단히   ④ 절대로   ⑤ 무심코

04 보기와 뜻이 같게 괄호 안의 어휘를 알맞게 바꾼 문장에 ✓표를 하시오.

> **보기**
> 유나는 윗옷의 색칠을 [완성하고] 치마도 윗옷의 색과 [어울리도록] 칠했다.

☐ 유나는 윗옷의 색칠을 [만들고] 치마도 윗옷의 색과 [같게] 칠했다.
☐ 유나는 윗옷의 색칠을 [끝내고] 치마도 윗옷의 색과 [맞도록] 칠했다.

어법+표현 다져요

05 보기를 보고, 괄호 안에서 알맞은 말을 골라 ○표를 하시오.

보기

결코	나는 결코 겁쟁이가 (맞다	(아니다)).
절대로	나는 절대로 채소를 (먹는다	(먹지 않는다)).
전혀	어제 있었던 일은 나와 전혀 관계가 (있다	(없다)).

'결코, 절대로, 전혀'는 '아니다, 없다, 못하다'와 같이 '그렇지 않음.'을 나타내는 말과 어울려 쓰인다.

1 형은 결코 달리기가 (느리다 | 느리지 않다).

2 언니는 절대로 나를 두고 (간다 | 가지 않는다).

3 동생은 아직 어려서 글을 전혀 읽을 수 (있다 | 없다).

06 괄호 안에서 알맞은 어휘를 골라 ○표를 하시오.

1 나와 형은 쌍둥이처럼 (담았다 | 닮았다).
　　　　　　　사람 또는 사물이 서로 비슷한 생김새나 성질을 지니다.

2 비가 오고 난 후에 하늘이 (맑다 | 맒다).
　　　　　　　구름이나 안개가 끼지 않아 햇빛이 밝다.

3 윤지는 책 표지를 눈으로 (홅어보았다 | 훑어보았다).
　　　　　　　한쪽 끝에서 다른 끝까지 쭉 보다.

07 빈칸에 다음 한자 성어를 넣기에 알맞은 문장에 ✓표를 하시오.

화룡점정　　화(畫) 그리다　룡(龍) 용　점(點) 점 찍다　정(睛) 눈동자

　용을 그린 후 마지막에 눈동자를 그렸더니 용 그림이 진짜 용이 되어 하늘로 날아갔다는 옛이야기에서 나온 한자 성어이다. 무슨 일을 하는 데에 가장 중요한 부분을 완성했다는 뜻으로 사용한다.

☐ 그림을 완성한 후 실제와 비슷한지 [　　　　　　　]해야 한다.

☐ 피라미드가 어떻게 지어졌는지 결코 [　　　　　　　]할 수 없다.

☐ 맛있는 식사 뒤에 나온 큰 생일 케이크가 파티의 [　　　　　　　]이었다.

08~10 다음 글을 읽고, 물음에 답하시오. 국어 쓰기

마침표(.), 쉼표(,), 느낌표(!), 물음표(?) 등을 가리켜 문장 부호라고 합니다. 마침표(.)는 설명하는 문장의 끝에 사용하여 문장을 완성합니다. 쉼표(,)는 이름이나 물건이 계속해서 나올 때와 부르거나 대답하는 말 뒤에 사용합니다. 느낌표(!)는 기쁨, 놀람 등 감정을 표현하는 문장의 끝에 사용합니다. 물음표(?)는 묻는 문장의 끝에 사용합니다. 글을 쓸 때에는 내용을 훑어보고 문장의 뜻과 어울리는 문장 부호를 사용해야 합니다. 문장 부호는 문장의 뜻을 정확하게 나타내 줍니다. '다 먹었어'에 마침표를 사용할 때와 물음표를 사용할 때 문장의 의미가 달라집니다. 그러므로 글을 쓸 때에는 문장 부호 쓰는 것을 결코 잊으면 안 됩니다.

08 이 글의 핵심 내용을 파악하여 빈칸에 들어갈 알맞은 말을 쓰시오.

여러 가지 ☐☐☐☐의 쓰임과 필요성

09 문장 부호에 대한 설명과 문장 부호를 선으로 바르게 이으시오.

1	묻는 문장의 끝에 사용한다.	•	• ㉠ 마침표(.)
2	설명하는 문장의 끝에 사용한다.	•	• ㉡ 쉼표(,)
3	이름이나 물건이 계속해서 나올 때 사용한다.	•	• ㉢ 느낌표(!)
4	기쁨, 놀람과 같은 감정을 표현할 때 사용한다.	•	• ㉣ 물음표(?)

10 글을 쓸 때 문장 부호를 꼭 써야 하는 이유로 알맞은 것은? [✎　]

① 틀리게 쓰는 글자가 있어서
② 문장을 길게 쓸 수 있어서
③ 헷갈리게 쓴 받침이 있어서
④ 한 문장에 여러 뜻을 담을 수 있어서
⑤ 문장의 뜻을 정확하게 나타내 주어서

15

국어 문법

나누어 먹는 음식

공평

| 공평하다 | 공 公 |
| 평평하다 | 평 平 |

어느 한쪽으로도 치우치지 않고 고르다.

기대

| 바라다 | 기 期 |
| 기다리다 | 대 待 |

어떤 일이 원하는 대로 이루어지기를 바라면서 기다리다.

가득 찬 주스를 기대했는데.

공평하게 나누려 했는데, 밑바닥이 보여.

밑바닥

어떤 것의 바닥 또는 아래가 되는 부분

위로

| 안심시키다 | 위 慰 |
| 애쓰다 | 로 勞 |

따뜻한 말이나 행동으로 괴로움을 덜어 주거나 슬픔을 달래 주다.

01 빈칸에 들어갈 알맞은 어휘를 쓰시오.

> 진우: 아이스크림 통의 ❶ [ㅁ][ㅂ][ㄷ] 에 아이스크림이 조금 남아 있어.
>
> 소라: 우리 반반씩 ❷ [ㄱ][ㅍ] 하게 숟가락으로 떠먹자.

❶ [✎   ]   ❷ [✎   ]

02 밑줄 그은 어휘와 뜻이 비슷한 어휘로 알맞은 것은?   [✎   ]

> 나는 우리 팀이 첫 골을 넣기를 <u>기대했다</u>.

① 달렸다   ② 바랐다   ③ 서둘렀다   ④ 치우쳤다   ⑤ 다짐했다

03 빈칸에 '위로하다'를 쓸 수 <u>없는</u> 문장의 기호를 쓰시오.

> ㉠ 경기에서 진 선수들을 [   ].
>
> ㉡ 야단을 맞아 시무룩한 친구를 [   ].
>
> ㉢ 의사는 환자에게 금방 나을 테니 걱정 말라고 [   ].
>
> ㉣ 무거운 짐을 들고 가시는 할머니를 보고 그 짐을 [   ].

[✎   ]

04 '평(平)' 자가 들어간 보기 의 어휘 중 빈칸에 알맞은 어휘를 골라 쓰시오.

> 보기
>
> 평지(平地)   수평(水平)

1 이곳은 [   ]라서 걷는 데 힘들지 않다.
   └→ 바닥이 평평하고 넓은 땅

2 두 팔을 쭉 뻗어 [   ]을 이루면 몸의 중심을 잡기 쉽다.
   └→ 기울지 않고 평평한 상태

05 보기를 보고, 빈칸에 들어갈 알맞은 어휘를 쓰시오.

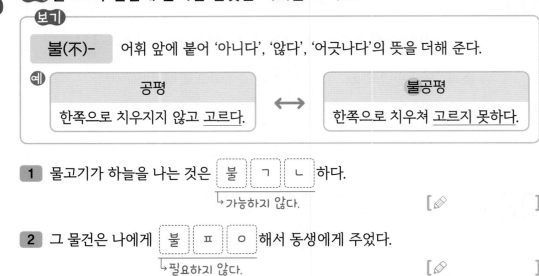

보기

불(不)- 어휘 앞에 붙어 '아니다', '않다', '어긋나다'의 뜻을 더해 준다.

예
공평	↔	불공평
한쪽으로 치우지지 않고 <u>고르다</u>.		한쪽으로 치우쳐 <u>고르지 못하다</u>.

1 물고기가 하늘을 나는 것은 │불│ㄱ│ㄴ│하다.
└→ 가능하지 않다. [✎   ]

2 그 물건은 나에게 │불│ㅍ│ㅇ│해서 동생에게 주었다.
└→ 필요하지 않다. [✎   ]

06 '밑'이 들어간 어휘와 어휘가 들어갈 문장을 선으로 바르게 이으시오.

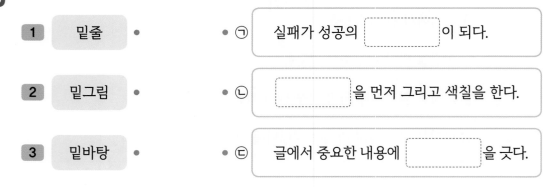

1 밑줄 •   • ㉠ 실패가 성공의 [   ]이 되다.

2 밑그림 •   • ㉡ [   ]을 먼저 그리고 색칠을 한다.

3 밑바탕 •   • ㉢ 글에서 중요한 내용에 [   ]을 긋다.

07 밑줄 그은 부분에 들어갈 말로 알맞은 것은? [✎   ]

학수고대 학(鶴) 학 수(首) 머리 고(苦) 애쓰다 대(待) 기다리다
　목이 긴 학(鶴)처럼 머리를 길게 빼고 간절히 무엇인가를 기다린다는 뜻의 한자 성
어로 "_____"라는 말과 바꾸어 쓸 수 있다.

① 목이 타다　　　　　　　② 목을 풀다
③ 목을 축이다　　　　　　④ 목에 힘을 주다
⑤ 목이 빠지게 기다리다

08~10 다음 글을 읽고, 물음에 답하시오.   국어 문법

　조선 시대에 임금님들은 봄이 되면 '선농단'이라는 곳에서 농사가 잘 되기를 바라는 제사를 지냈습니다. 백성들도 와서 농사가 잘 되기를 빌었습니다. 제사가 끝나면 상에 올렸던 소고기와 소뼈를 끓여 국을 만들었습니다. 이 국에 밥을 말아서 제사에 함께한 사람들이 공평하게 음식을 나누어 먹었습니다. 국물을 거의 다 먹어서 솥의 밑바닥이 보이면 다시 물을 넣고 국을 끓였습니다. 임금님은 힘들게 농사를 짓는 백성들을 위로하는 마음으로 음식을 나누었고, 백성들은 풍년이 들기를 기대하는 마음으로 음식을 먹었습니다. 이 음식을 선농단에서 끓인 국이라고 하여 '선농탕'이라고 불렀고, 이 말이 변해서 '설렁탕'이 되었다고 합니다.

08 이 글의 핵심 내용을 파악하여 빈칸에 들어갈 알맞은 말을 쓰시오.

{ 　□□□ 이라는 이름이 지어진 까닭 　}

09 임금님이 봄이 되면 선농단에 간 이유로 알맞은 것에 ✓표를 하시오.

곡식을 나누어 주기 위해 간 거야.

백성들을 한곳에 모으기 위해 간 거야.

농사가 잘 되게 해 달라고 빌기 위해 간 거야.

10 선농단에서 지내는 제사가 끝난 뒤에 한 일로 알맞은 것은?   [✎　　]

① 농사를 짓기 시작했다.
② 음식을 나누어 먹었다.
③ 소고기를 나누어 주었다.
④ 물을 끓여 나누어 마셨다.
⑤ 임금님이 백성들의 집으로 갔다.

16

과학 지구

강의 모습을 살펴요

상류

위	상 上
흐르다	류 流

강이나 시냇물이 처음 시작
되는 곳과 가까운 부분

폭

너비	폭 幅

평평한 면이나 넓은 물체의
가로로 건너지른 거리

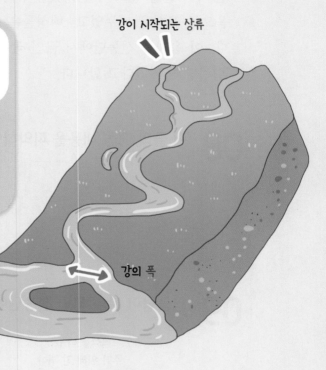

강이 시작되는 상류

강의 폭

산이 가파르고,
돌은 모나서
올라가기 힘들어.

가파르다

산이나 길이 몹시 기울어져
있다.

모나다

사물의 모습에 쑥 나온 귀
퉁이가 있거나 일에 드러난
표가 있다.

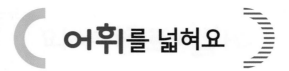

01 그림을 보고, '폭'을 뜻하는 부분을 골라 그 기호를 쓰시오. [✐   ]

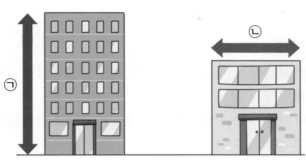

02 빈칸에 공통으로 들어갈 어휘로 알맞은 것은? [✐   ]

우연: 발이 아파서 못 걷겠어. 운동화 안에 [   ] 돌이 들어갔나 봐.

효린: [   ] 부분에 찔리면 아프지. 잠깐 멈춰서 돌을 꺼내자.

① 모난   ② 나온   ③ 가까운   ④ 헤매는   ⑤ 우기는

03 밑줄 그은 말과 뜻이 비슷한 어휘를 골라 ○표를 하시오.

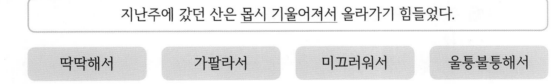

지난주에 갔던 산은 몹시 <u>기울어져서</u> 올라가기 힘들었다.

딱딱해서   가팔라서   미끄러워서   울퉁불퉁해서

04 '상류'와 '하류', '상의'와 '하의'는 뜻이 반대인 어휘이다. 어휘의 뜻을 보고 빈칸에 들어갈 알맞은 어휘를 쓰시오.

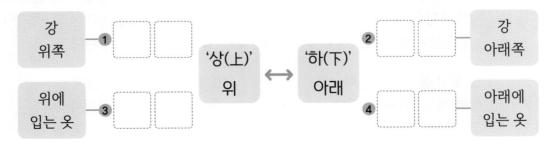

05 밑줄 그은 어휘의 뜻을 보기에서 골라 그 기호를 쓰시오.

> 보기
>
> **모나다**
>
> ⊙ 사물의 모습에 쑥 나온 귀퉁이가 있거나 일에 드러난 표가 있다.
>   예 기둥이 모나다.
> ⓒ 사람이 하는 말이나 행동 따위가 둥글지 못하고 까다롭다.
>   예 형은 성격이 모났다.

1 이 계곡의 돌들은 모양이 모나다. (   )

2 네모난 식탁의 모서리가 모나다. (   )

3 그 사람은 성격이 예민하고 모났다. (   )

06 밑줄 그은 어휘를 바르게 고쳐 쓰시오.

1 이 언덕길은 매우 <u>가팔르다</u>.

2 이 폭포는 세계에서 폭이 가장 <u>널따</u>.

3 우리는 배를 타고 강의 <u>상뉴</u>로 올라갔다.

07 보기에서 설명하는 속담으로 알맞은 것은?   [✎   ]

> 보기
>
> 튀어나온 돌은 눈에 잘 띄므로 돌을 다듬는 도구인 정으로 돌을 깎게 된다. 그래서 이 속담은 너무 뛰어난 사람은 눈에 띄므로 남에게 미움을 받기 쉽고, 성격이 너무 꼿꼿한 사람은 다른 사람에게 공격을 받기 쉽다는 뜻으로 사용된다.

① 모난 돌이 정 맞는다   ② 백지장도 맞들면 낫다
③ 찬물도 위아래가 있다   ④ 소 잃고 외양간 고친다
⑤ 돌다리도 두들겨 보고 건너라

08~10 다음 글을 읽고, 물음에 답하시오.　　　　　　　　　　　　과학 지구

> 　강을 따라 내려가 보면 상류에서 하류로 가면서 강의 모습이 달라집니다. 강의 상류는 강의 폭이 좁고 경사가 가파릅니다. 그리고 흐르는 강물의 양은 적지만 강물이 흐르는 속도가 빠릅니다. 강의 하류로 갈수록 강의 폭이 넓고 경사가 가파르지 않습니다. 또한 흐르는 강물의 양이 많고, 강물이 흘러가는 속도도 느립니다. 강의 상류와 하류에서 볼 수 있는 돌의 모양도 다릅니다. 강의 상류에는 크고 모난 돌과 바위가 많습니다. 이 돌들이 서로 부딪치고 조금씩 깎여서 강의 아래쪽으로 내려올수록 점점 작아지고 둥글둥글해지며, 마침내 흙이나 모래처럼 잘게 쪼개집니다.

08 이 글의 핵심 내용을 파악하여 빈칸에 들어갈 알맞은 말을 쓰시오.

{ 　강의 ☐ ☐ 와 하류의 다른 모습 　}

09 강의 하류에 대한 설명으로 알맞은 것은? 　　　　　　[✎ 　]

① 강의 폭이 좁다.
② 경사가 가파르다.
③ 강의 위쪽 부분이다.
④ 강물이 빠르게 흘러간다.
⑤ 흐르는 강물의 양이 많다.

10 강의 상류에서 쉽게 볼 수 있는 돌의 모양에 ✓표를 하시오.

☐ 　　　☐ 　　　☐

크고 모난 돌　　　　작고 둥근 돌　　　　흙이나 모래

국어 문학

17 바보 온달과 평강 공주

함께하다

경험이나 생활 따위를 얼마 동안 더불어 하다.

형편없다

| 모양 | 형 形 |
| 편하다 | 편 便 |

결과나 상태, 내용 따위가 매우 좋지 못하다.

이 고양이는 저와 15년 동안 함께했어요.

건강 상태가 형편없네요.

배가 부르니 마음이 흡족하다.

내 강아지야!

흡족

| 넉넉하게 하다 | 흡 洽 |
| 넉넉하다 | 족 足 |

조금도 모자람이 없을 정도로 넉넉하여 만족하다.

우기다

억지를 부려 자신의 의견을 고집스럽게 내세우다.

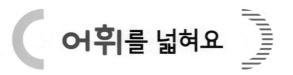
01 밑줄 그은 어휘와 뜻이 비슷한 어휘를 골라 ○표를 하시오.

> 아이는 자신이 그린 그림을 보며 <u>흡족한</u> 미소를 지었다.

| 불리한 | 부족한 | 만족한 | 유리한 |

02 밑줄 그은 어휘와 뜻이 비슷한 어휘를 골라 ○표를 하시오.

> 은우: 오랫동안 친구들과 학교생활을 <u>함께했어요</u>. 전학 가지 않을 거예요.
> ↳ 놀랐어요 | 같이했어요
>
> 엄마: 하지만 우리는 이사를 가잖니. 가기 싫다고 <u>우겨도</u> 소용이 없단다.
> ↳ 고집해도 | 고약해도

03 빈칸에 '함께하다'를 쓸 수 없는 문장의 기호를 쓰시오.

> ㉠ 내 친구는 형과 얼굴이 매우 [   ].
>
> ㉡ 나와 내 친구는 초등학교 생활을 [   ].
>
> ㉢ 두 사람은 매우 친해서 어려움을 [   ].
>
> ㉣ 할머니와 할아버지는 시골에서 평생을 [   ].

[✎   ]

04 빈칸에 쓸 수 있는 어휘를 보기에서 골라 쓰시오.

> **보기**
>
> 우기다   형편없다   흡족하다

1 발표를 잘 해서 나는 무척 [   ].

2 농구를 처음 해 본 동생의 공 던지기 실력은 [   ].

3 민수는 나와 키가 비슷한데도 자기가 더 크다고 [   ].

05 보기를 보고, 빈칸에 '못'이 들어갈 수 <u>없는</u> 문장에 ✓표를 하시오.

> **보기**
>
> **못하다**   어떤 일을 할 능력이 없다는 뜻을 나타낸다.
>
> 예 • 달리기를 못하다.
>   • 짐이 무거워서 들지 못하다.

☐ 나는 용돈이 모자라서 장난감을 사지 ⬚ 했다.

☐ 윤아는 수줍음이 많아서 사람들 앞에서 말을 잘 ⬚ 한다.

☐ 내 짝은 노래 대회에서 1등을 할 정도로 노래를 ⬚ 한다.

06 밑줄 그은 말의 뜻으로 알맞은 것은?   [✎   ]

> 나는 수희의 생일 선물을 사러 갔다. 자주 가던 문구점에 가 보았지만 <u>눈에 차는</u> 물건이 없었다. 선물을 사지 못하고 오는 길에 새로 생긴 문구점에 들렀다. 그곳에는 여러 가지 물건이 많아서 선물을 살 수 있었다.

① 흡족하게 마음에 들다.   ② 딴 곳에 관심을 보이다.
③ 매우 바쁘게 많이 다니다.   ④ 여기저기 흔하게 널려 있다.
⑤ 정신을 차리고 주의를 기울이다.

07 밑줄 그은 부분을 나타내는 속담으로 알맞은 것에 ✓표를 하시오.

> 진주는 민주와 말다툼을 했다. 진주가 에베레스트 산이 세계에서 제일 높은 산이라고 하니 <u>민주가 세계에서 제일 높은 산은 백두산이라고 고집을 부렸기 때문이다.</u>

☐ 누워서 떡 먹기	☐ 겉 다르고 속 다르다	☐ 콩을 팥이라고 우긴다
하기가 매우 쉬운 것을 이르는 말이다.	겉으로 드러나는 행동과 마음속으로 품고 있는 생각이 서로 다르다.	사실과 다른 주장을 막무가내로 내세운다는 뜻으로, 억지스럽게 고집을 부린다는 뜻이다.

08~10 다음 글을 읽고, 물음에 답하시오. 국어 문학

옛날, 고구려에는 바보라고 놀림을 받는 온달이 살았습니다. 고구려의 평원왕에게는 평강이라는 공주가 하나 있었는데 한번 울면 온종일 울음을 그치지 않았습니다. 그래서 평원왕은 ㉠"자꾸 울면 바보 온달에게 시집보낸다."라고 하며 공주를 달랬습니다. 세월이 흘러 시집갈 나이가 된 공주는 바보 온달과 결혼하겠다고 우겼습니다. 공주는 궁궐에서 나와 온달을 찾아갔습니다. 온달은 형편없이 낡은 집에서 어머니와 함께 살고 있었습니다. 공주는 궁궐에서 가져온 보물을 팔아 온달을 공부시키고 무술을 익히게 했습니다. 고구려에서는 해마다 사냥 대회가 열렸습니다. 사냥 대회 날 평원왕은 한 젊은이가 앞서 달리며 사냥감을 잡는 것을 보고 그 실력에 감탄했습니다. 평원왕은 그 젊은이가 바로 온달이며, 평강 공주의 남편임을 알고 마음이 흡족했습니다. 온달은 평원왕에게 능력을 인정받아 장군이 되었고, 평강 공주와 평생을 함께했습니다.

08 이 글의 핵심 내용을 파악하여 빈칸에 들어갈 알맞은 말을 쓰시오.

평강 공주를 만나 훌륭한 인물이 된 바보 □□

09 평원왕이 공주에게 ㉠과 같이 말한 이유에 ✓표를 하시오.

☐ 온달이 유명한 사람이어서
☐ 공주가 울음을 그치지 않아서
☐ 온달의 무술 실력을 믿고 있어서

10 온달을 찾아간 평강 공주가 한 일로 알맞은 것은? [✎   ]

① 왕이 되게 해 주었다.
② 궁궐의 음식을 해 주었다.
③ 온달의 낡은 집을 고쳐 주었다.
④ 어머니와 함께 살게 해 주었다.
⑤ 온달이 공부를 하고 무술을 익히게 하였다.

사회 사회·문화

18 잘 먹었습니다

식사

먹다	식 食
일	사 事

아침, 점심, 저녁과 같이 날마다 일정한 시간에 음식을 먹다. 또는 그 음식

삼가다

몸가짐이나 말과 행동을 조심하다.

뒤적이다

물건들을 이리저리 들추며 뒤지다.

들다

손에 가지다.

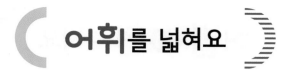

정답과 해설 23쪽

01 다음 어휘의 뜻으로 알맞은 어휘를 괄호 안에서 골라 ○표를 하시오.

삼가다

뜻 (건강 │ 몸가짐)이나 말과 행동을 (배우다 │ 조심하다).

02 빈칸에 들어갈 알맞은 어휘를 쓰시오.

• 아빠가 저녁 ❶ ㅅ ㅅ 후에 설거지를 하셨다.

• 마법사가 마법을 부리기 위해 손에 마술 지팡이를 ❷ ㄷ ㄷ .

❶ [✎   ]   ❷ [✎   ]

03 밑줄 그은 어휘와 뜻이 비슷한 어휘로 알맞은 것은?   [✎   ]

가위를 찾느라 책상 서랍 안을 이리저리 뒤적였다.

① 맞췄다   ② 가렸다   ③ 굴렸다   ④ 뒤졌다   ⑤ 돌아다녔다

04 '식(食)' 자가 들어간 보기 의 어휘 중 빈칸에 알맞은 어휘를 골라 쓰시오.

보기

식탁(食卓)   간식(間食)

1 나는 점심과 저녁 사이에 맛있는 ⬚⬚⬚⬚ 을 먹는다.
↳끼니와 끼니 사이에 음식을 먹다. 또는 그 음식

2 우리 가족은 모두 ⬚⬚⬚⬚ 에 둘러앉아서 밥을 먹었다.
↳음식을 차려 놓고 둘러앉아 먹게 만든 탁자

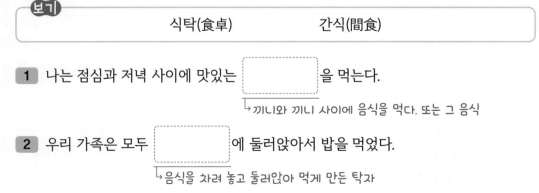

어법+표현 다져요

05 밑줄 그은 어휘의 뜻을 **보기**에서 골라 그 기호를 쓰시오.

> **보기**
>
> 들다
>
> ㉠ 손에 가지다.
>   **예** 꽃을 손에 들다.
> ㉡ 날이 날카로워 물건이 잘 베어지다.
>   **예** 가위가 잘 들다.

1 양손 가득 선물을 들다. (   )

2 칼이 부드럽게 잘 들다. (   )

06 **보기**를 보고, 밑줄 그은 어휘가 바르게 쓰인 문장을 골라 ✓표를 하시오.

> **보기**
>
> 삼가다(○)   삼가하다(✗)
>
> • 어린아이 앞에서 말을 (삼가다 | 삼가하다).
> • 도서관에서 큰 소리로 떠드는 것을 (삼가야 | 삼가해야) 한다.

☐ 감기에 걸렸을 때는 외출을 삼간다.

☐ 다른 사람의 흉을 보는 행동을 삼가해야 한다.

☐ 사람들이 많은 곳에서는 여기저기 뛰어다니는 행동을 삼가해라.

07 밑줄 그은 부분에 들어갈 말로 알맞은 것은?   [✎   ]

> 발 없는 말이 천 리 간다
>
>   네 발이 달린 동물인 말과 달리 우리 입에서 나오는 말에는 발이 달려 있지 않지만 천 리를 간다는 생각에서 만들어진 속담이다. '천 리'는 아주 먼 거리를 나타낸다. 그래서 이 속담은 말은 순식간에 퍼지니 ＿＿＿＿＿＿＿＿＿＿＿＿＿는 뜻을 담고 있다.

① 말을 삼가야 한다   ② 말을 많이 해야 한다
③ 발이 굉장히 중요하다   ④ 어떤 일이 생길지 알 수 없다
⑤ 가까이 있는 사람에게만 말을 한다

08~10 다음 글을 읽고, 물음에 답하시오.

사회 사회·문화

우리는 매일 다른 사람들과 함께 식사를 합니다. 식사를 할 때 예절을 지키면 즐겁게 음식을 먹을 수 있습니다. 식사를 하기 전에는 깨끗이 손을 씻고, 어른이 수저를 들고 식사를 하기 시작한 후에 먹어야 합니다. 식사를 할 때는 숟가락과 젓가락을 함께 들지 않고, 여러 사람이 함께 먹는 반찬을 뒤적이지 않아야 합니다. 입안에 음식이 있을 때는 말하지 않고 음식을 다 삼킨 후에 말을 합니다. 이때 식사에 방해가 되지 않도록 조용히 말해야 합니다. 또한 식사 중에 이리저리 돌아다니는 일을 삼가야 합니다. 식사를 마친 후에는 그릇을 정리하고 식사를 준비해 주신 분께 감사의 인사를 전합니다.

08 이 글의 핵심 내용을 파악하여 빈칸에 들어갈 알맞은 말을 쓰시오.

{ ☐☐를 할 때 지켜야 하는 예절 }

09 식사할 때 지켜야 할 예절로 맞는 것에 ○표, 틀린 것에 ✕표를 하시오.

1 음식을 씹으며 말한다. (   )

2 반찬을 뒤적이지 않는다. (   )

3 어른이 식사를 시작한 후에 먹는다. (   )

4 다른 사람과는 절대로 대화하지 않는다. (   )

10 식사할 때 예절을 지키면 좋은 점으로 알맞은 것은? [✐   ]

① 더 많이 먹을 수 있다.
② 음식을 가져갈 수 있다.
③ 즐겁게 식사할 수 있다.
④ 맛있는 음식을 먹을 수 있다.
⑤ 빨리 식사를 끝마칠 수 있다.

19 시계를 보는 방법

걸리다

시간이 들다.

현재 시각 12시 입니다.

시각

| 때 | 시 | 時 |
| 정하다 | 각 | 刻 |

시간의 어느 한 지점

들어가려면 30분은 걸려.

정확

| 바르다 | 정 | 正 |
| 확실하다 | 확 | 確 |

바르고 확실하다.

저 시계가 정확하네.

가리키다

손가락 따위로 어떤 방향이나 대상을 집어서 보이거나 말하거나 알리다.

01 빈칸에 공통으로 들어갈 어휘로 알맞은 것은?

선우: 이 문제집 두 쪽을 푸는 데 시간이 얼마나 [   ]?

지수: 삼십 분 정도 [   ]. 넌 어때?

선우: 난 너보다 십 분 정도 더 [   ].

① 말려   ② 더해   ③ 걸려   ④ 살펴   ⑤ 고쳐

02 밑줄 그은 어휘와 뜻이 비슷한 어휘를 골라 ○표를 하시오.

체중계는 내 몸무게가 얼마나 되는지 <u>정확하게</u> 알려 준다.

평범하게   공평하게   확실하게   조심스럽게

03 빈칸에 공통으로 들어갈 알맞은 어휘를 쓰시오.

• 열차의 출발 [ㅅ][ㄱ] : 8시 10분
  └▸ 시간의 어느 한 지점
• 열차의 도착 [ㅅ][ㄱ] : 9시 30분

04 빈칸에 '가리키다'를 쓸 수 <u>없는</u> 문장의 기호를 쓰시오.

㉠ 친구는 손짓으로 책을 [   ].

㉡ 아빠가 손가락으로 산꼭대기를 [   ].

㉢ 시곗바늘이 벌써 오후 다섯 시를 [   ].

㉣ 선생님께서 수업시간에 우리에게 과학을 [   ].

05 밑줄 그은 어휘의 뜻을 보기에서 골라 그 기호를 쓰시오.

보기

걸리다

㉠ 어떤 물체가 떨어지지 않고 벽이나 못 따위에 매달리다.
  예 가족 사진 액자가 벽에 걸리다.
㉡ 다리나 발 또는 도구 따위 때문에 넘어질 상태가 되다.
  예 옆을 보며 걷다가 친구의 다리에 걸리다.

1 옷걸이에 내 치마가 걸리다. (   )
2 산에 올라가다가 돌부리에 걸리다. (   )

06 보기를 보고, 밑줄 그은 어휘를 바르게 띄어 쓰시오.

보기

시간이나 어떤 것의 개수를 나타내는 말은 앞의 말과 띄어 쓴다.
예 나는 한시간이나 걸었다. → | 한 | | 시 | 간 |

1 볼펜 한자루만 빌려 줘. → | | | | |

2 나는 올해 여덟살이 되었다. → | | | | |

3 도서관에서 책을 다섯권 빌렸다. → | | | | |

07 밑줄 그은 부분에 들어갈 문장으로 알맞은 것은?

백발백중   백(百) 일백   발(發) 쏘다   백(百) 일백   중(中) 가운데

  화살을 백 번 쏘아서 백 번 맞힌다는 말이다. 원래는 총이나 활을 겨눈 곳에 정확히 맞힐 때 사용하였다. 그런데 지금은 _____ 는 의미로도 사용한다. '정아는 퀴즈의 답을 백발백중 다 맞힌다.'와 같이 사용한다.

① 날마다 실력이 는다   ② 자랑스러워서 뽐낸다
③ 큰 차이 없이 거의 같다   ④ 여러 번 실패해도 꾸준히 노력한다
⑤ 무슨 일이나 틀림없이 잘 들어맞는다

08~10 다음 글을 읽고, 물음에 답하시오.

수학 측정

　시계에서 짧은바늘을 보면 '시'를, 긴바늘을 보면 '분'을 알 수 있습니다. 시계의 긴바늘이 가리키는 숫자가 1이면 5분을 나타냅니다. 긴바늘이 가리키는 숫자가 1씩 커지면 나타내는 분은 5분씩 커집니다. 시계에서 한 숫자와 다음 숫자 사이는 작은 눈금 5칸이므로 긴바늘이 가리키는 작은 눈금 한 칸은 1분을 나타냅니다. 긴바늘이 시계를 한 바퀴 도는 데는 60분의 시간이 걸립니다. 60분은 1시간입니다. 시계를 보고 시각을 읽게 되면 '8시 40분까지 등교하기', '3시 15분에 친구와 만나기' 등과 같이 무엇을 해야 할 시각을 정확하게 알 수 있어 좋습니다.

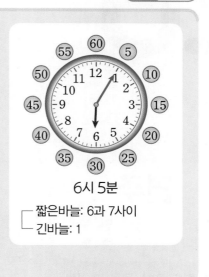

6시 5분

┌ 짧은바늘: 6과 7사이
└ 긴바늘: 1

08 이 글의 핵심 내용을 파악하여 빈칸에 들어갈 알맞은 말을 쓰시오.

{ 　　　　를 보고 시각을 읽는 방법 }

09 이 글에서 알 수 있는 내용으로 알맞지 <u>않은</u> 것은?　[✎　]

① 짧은바늘은 시를 나타낸다.
② 긴바늘이 숫자 2를 가리키면 6분이다.
③ 긴바늘이 시계 한 바퀴를 도는 데 60분이 걸린다.
④ 긴바늘이 가리키는 작은 눈금 한 칸은 1분을 나타낸다.
⑤ 긴바늘이 가리키는 숫자가 1씩 커지면 분은 5분씩 커진다.

10 시각이 '6시 15분'이 되도록 시계의 긴바늘을 그리시오.

20

과학 운동

소리를 들어 봐요

연주

펴다	연 演
알리다	주 奏

악기를 다루어 곡을 표현하거나 들려주다.

높낮이

높음과 낮음. 높고 낮은 정도

의자의 높낮이를 조절하면 편할 텐데.

도와주세요~!

삐뽀 삐뽀

청각

듣다	청 聽
깨닫다	각 覺

귀로 소리를 느끼는 감각

위급

위험하다	위 危
급하다	급 急

몹시 위험하고 급하다.

어휘를 넓혀요

01 그림을 보고, 빈칸에 공통으로 들어갈 알맞은 어휘를 쓰시오.

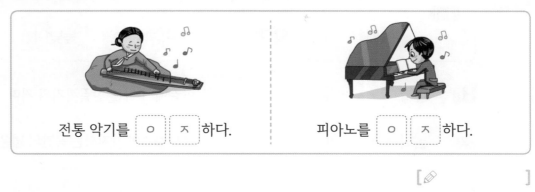

전통 악기를 [ㅇ][ㅈ]하다.   피아노를 [ㅇ][ㅈ]하다.

[✐   ]

02 빈칸에 들어갈 알맞은 어휘를 쓰시오.

• 개는 ❶ [ㅊ][ㄱ]이 뛰어나서 먼 곳에서 나는 소리를 들을 수 있다.

• 자전거를 타기 전에 안장의 ❷ [ㄴ][ㄴ][ㅇ]를 키에 맞춰 조절해야 한다.

❶ [✐   ]   ❷ [✐   ]

03 밑줄 그은 어휘와 뜻이 비슷한 어휘를 골라 ○표를 하시오.

<u>위급한</u> 상황 속에서도 소방관들은 침착하게 사람들을 구하였다.

| 편한 | 위태한 | 불쌍한 | 안전한 |

04 '청(聽)' 자가 들어간 [보기]의 어휘 중 빈칸에 알맞은 어휘를 골라 쓰시오.

[보기]

시청(視聽)   청중(聽衆)

1 가족들과 모여 앉아 텔레비전을 [   ]했다.

↳ 눈으로 보고 귀로 듣다.

2 가수가 노래를 끝내자 [   ]들은 박수를 쳤다.

↳ 강연, 설교, 음악 따위를 듣기 위하여 모인 사람들

어법+표현 다져요

05 보기를 보고, 빈칸에 알맞은 어휘를 쓰시오.

보기

| 높다 | + | 낮다 | + | -이 | ➡ | 높낮이 |

1 | 길다 | + | -이 | ➡ | ☐ ☐ | : 한끝에서 다른 한끝까지의 거리

2 | 넓다 | + | -이 | ➡ | ☐ ☐ | : 어떤 물건이 차지하는 공간의 넓은 정도

06 보기에서 한자의 뜻을 보고, 빈칸에 들어갈 알맞은 글자를 골라 쓰시오.

보기

청(聽) 소리를 듣다.   시(視) 사물을 보다.   미(味) 맛을 보다.

후(嗅) 냄새를 맡다.   촉(觸) 피부에 닿다.

1 이 목도리는 피부에 닿는 ☐ 감 이 거칠다.

2 언니는 ☐ 력 이 좋아서 먼 곳까지 볼 수 있다.

3 상어는 ☐ 각 이 발달하여 멀리 있는 먹잇감의 냄새도 맡는다.

07 밑줄 그은 부분에 들어갈 내용으로 알맞은 것은?   [✎   ]

풍전등화   풍(風) 바람   전(前) 앞   등(燈) 등잔   화(火) 불

촛불이나 등불이 켜져 있는데 바람이 불어 초나 등이 바람에 꺼질 것처럼 흔들리는 모습을 나타낸다. 그래서 이 한자 성어는 ＿＿＿＿＿＿＿＿＿＿＿＿ 에 있음을 뜻한다.

① 할 일이 많은 상황   ② 매우 위태로운 상황
③ 몹시 후회하는 상황   ④ 상대방을 의심하는 상황
⑤ 모든 일을 포기하는 상황

08~10 다음 글을 읽고, 물음에 답하시오.

우리 주변에는 다양한 소리들이 있습니다. 우리는 청각으로 이 소리들을 듣습니다. 소리는 소리의 세기, 높낮이, 음색으로 그 특징을 나타냅니다. 우리는 이러한 특징을 바탕으로 소리를 구분할 수 있습니다. 이 중에서 소리의 높고 낮은 정도를 소리의 높낮이라고 합니다. 다양한 악기를 연주하는 오케스트라는 악기가 내는 소리의 높낮이를 이용하여 아름다운 음악을 들려줍니다. 사람들에게 위급한 상황을 알릴 때도 소리의 높낮이를 이용합니다. 안전 요원들의 호루라기 소리나 소방차나 경찰차가 내는 경보음 등은 모두 높은 소리로 급한 상황임을 사람들에게 알립니다.

08 이 글의 핵심 내용을 파악하여 빈칸에 들어갈 알맞은 말을 쓰시오.

소리의 ☐☐☐

09 이 글로 보아 높은 소리를 쓸 수 있는 상황이 <u>아닌</u> 것은? [✎]

① 도서관에서 책을 찾을 때
② 경찰차가 도둑을 쫓을 때
③ 불이 나서 소방차가 출동할 때
④ 사람이 다쳐서 구급차가 달려갈 때
⑤ 물이 깊은 곳에 사람들이 다가가는 것을 막을 때

10 이 글에 대한 내용으로 맞는 것에 ○표, <u>틀린</u> 것에 ✕표를 하시오.

1 우리는 청각을 통해 소리를 듣는다. (　　　)

2 소리는 세기, 높낮이, 음색으로 특징을 나타낸다. (　　　)

3 소리의 크고 작은 정도를 소리의 높낮이라고 한다. (　　　)

1-5 뜻에 알맞은 어휘를 **보기**에서 골라 쓰시오.

보기

| 건조 | 위급 | 후회 | 양보 | 위로 |

1 ☐☐ : 몹시 위험하고 급하다.

2 ☐☐ : 말라서 축축한 기운이 없다.

3 ☐☐ : 이전의 잘못을 깨닫고 뉘우치다.

4 ☐☐ : 길, 자리, 물건 따위를 다른 사람에게 미루어 주다.

5 ☐☐ : 따뜻한 말이나 행동으로 괴로움을 덜어 주거나 슬픔을 달래 주다.

6 어휘의 뜻이 맞으면 ○표, 틀리면 ✕표를 하시오.

1 정확하다 뜻 바르고 확실하다. [✎]

2 사라지다 뜻 안에서 밖으로 오다. [✎]

3 훑어보다 뜻 한쪽 끝에서 다른 끝까지 쭉 보다. [✎]

4 풀이하다 뜻 어떤 문제가 요구하는 결과를 얻어 내다. [✎]

7 뜻에 맞는 어휘를 네모 칸에서 찾아 표시하시오.

뜻

예 귀로 소리를 느끼는 감각

❶ 둘레나 끝에 해당되는 부분

❷ 보이거나 통하지 못하도록 막다.

❸ 산이나 길이 몹시 기울어져 있다.

가	장	자	리
리	파	유	우
다	도	르	중
청	각	서	다

8 어휘의 뜻으로 알맞지 <u>않은</u> 것은?　[✎　　]

① 낫다: 보다 더 좋거나 앞서 있다.

② 삼가다: 몸가짐이나 말과 행동을 조심하다.

③ 형편없다: 결과나 상태, 내용 따위가 매우 좋지 못하다.

④ 함께하다: 경험이나 생활 따위를 얼마 동안 더불어 하다.

⑤ 공평하다: 억지를 부려 자신의 의견을 고집스럽게 내세우다.

9 어휘의 뜻에 맞는 말을 괄호 안에서 골라 ○표를 하시오.

1 시각　뜻 (시간 | 장소)의 어느 한 지점

2 습도　뜻 공기가 (축축한 | 건조한) 정도

3 몫　뜻 (여럿으로 | 하나로) 나누어 가지는 각 부분

4 가로　뜻 (아래쪽 | 왼쪽)에서 (위쪽 | 오른쪽)으로 나 있는 방향이나 길이

(**10-12**) 왼쪽 어휘와 뜻이 비슷한 어휘를 골라 ✔표를 하시오.

10 | 결코 | ☐ 서로 | ☐ 지금 | ☐ 절대로 |

11 | 무릅쓰다 | ☐ 참다 | ☐ 얻다 | ☐ 방어하다 |

12 | 관찰하다 | ☐ 쓰다 | ☐ 살펴보다 | ☐ 가려내다 |

13 밑줄 그은 어휘의 뜻으로 알맞은 것을 골라 선으로 이으시오.

1 주머니를 아무리 <u>뒤적여도</u> 열쇠를 찾을 수 없었다.　•

　•　㉠ 물건들을 이리저리 들추며 뒤지다.

2 친구는 같은 말을 자꾸만 <u>되풀이했다</u>.　•

　•　㉡ 같은 말이나 일을 자꾸 하다. 또는 같은 일을 자꾸 일으키다.

14-15 밑줄 그은 어휘와 바꾸어 쓸 수 있는 것을 골라 ✓표를 하시오.

14

체중계로 몸무게를 <u>재다</u>.

☐ 값지다　　　☐ 알아보다　　　☐ 집중하다

15

어려운 수학 문제를 풀고 나니 <u>뿌듯하다</u>.

☐ 벅차다　　　☐ 기대하다　　　☐ 거슬리다

16 밑줄 그은 어휘가 문장에 어울리지 <u>않는</u> 것은?　　[✏ 　]

① 차도에 함부로 들어가면 <u>안전해</u>.
② 명절이 되어 여러 가지 전을 <u>부쳤다</u>.
③ 된장찌개를 보글보글 <u>끓여서</u> 먹었다.
④ 햇빛 때문에 눈이 <u>부셔서</u> 앞을 볼 수 없었다.
⑤ 횡단보도를 건널 때는 <u>좌우</u>를 살피면서 건너야 해.

17 어휘의 뜻을 보기에서 골라 사다리를 타서 도착한 빈칸에 쓰시오.

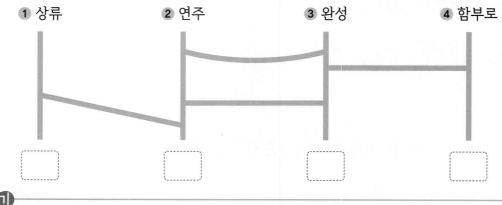

① 상류　　② 연주　　③ 완성　　④ 함부로

보기

㉠ 완전히 다 이루다.
㉡ 악기를 다루어 곡을 표현하거나 들려주다.
㉢ 강이나 시냇물이 처음 시작되는 곳과 가까운 부분
㉣ 조심하거나 깊이 생각하지 않고 마음 내키는 대로 마구

관용어 · 속담 · 한자 성어

18 관용어 설명에서 빈칸에 들어갈 알맞은 말을 골라 ○표를 하시오.

> 　불이 있으면 주변이 밝아지고 모든 것들이 확실하게 보인다. '[   ]을 보듯 뻔하다'는 밝은 불처럼 더 말할 것도 없이 확실한 경우를 뜻한다. 그래서 이 관용어는 앞으로 일어날 일이 의심할 여지없이 아주 확실할 때 사용한다.

물　　　　　불　　　　　빛

19 속담 설명에서 빈칸에 들어갈 알맞은 말을 골라 ○표를 하시오.

> 　돌로 만든 다리는 매우 튼튼하다. 그 튼튼한 다리를 손이나 발로 두드려 보고 튼튼한지 확인한 뒤에 건넌다면 더 안전할 것이다. 그래서 "[   ]도 두들겨 보고 건너라"라는 속담은 잘 아는 일이라도 꼼꼼하게 확인하고 주의를 기울이라는 뜻을 나타낸다.

돌　　　　　돌다리　　　　　나무다리

20 한자 성어 설명에서 빈칸에 들어갈 알맞은 말을 쓰시오.

학수고대	
학	학(鶴)
머리	수(首)
애쓰다	고(苦)
기다리다	대(待)

　'학'은 긴 목을 가진 새이다. 사람들은 누군가를 간절히 기다릴 때 그 사람이 언제 오나 하고 학의 목처럼 목을 길게 빼서 보곤 한다. 그래서 '학수고대'는 [   ]처럼 목을 길게 빼고 간절히 기다린다는 뜻을 나타낸다.

1 어휘의 뜻이 맞으면 ○표, 틀리면 ✕표를 하시오.

1 걸리다　뜻 시간이 들다.　　[✎　　]

2 고약하다　뜻 맛, 냄새 따위가 마음에 들다.　　[✎　　]

3 새다　뜻 기체나 액체 따위가 틈이나 구멍에 차다.　　[✎　　]

4 맴돌다　뜻 일정한 범위나 장소에서 되풀이하여 움직이다.　　[✎　　]

2 뜻에 맞는 어휘를 네모 칸에서 찾아 표시하시오.

뜻
예 손에 가지다.
1 높음과 낮음, 높고 낮은 정도
2 여럿 중에서 가려내거나 뽑다.
3 몸이나 마음을 굳세게 하여 더 강하게 만들다.

맡	기	어	강
고	르	다	운
들	다	정	중
놉	낮	이	간

3 어휘의 뜻에 맞는 말을 괄호 안에서 골라 ○표를 하시오.

1 낱개　뜻 여럿 가운데 (전부인 | 따로따로인) 한 개 한 개

2 폭　뜻 평평한 면이나 넓은 물체의 (가로로 | 세로로) 건너지른 거리

3 횡단보도　뜻 사람이 가로로 건너다닐 수 있도록 (차도 | 인도) 위에 놓인 길

4 밑줄 그은 어휘의 뜻으로 알맞은 것을 골라 선으로 이으시오.

1 3에 5을 더한 <u>합</u>은 8이다.

⊙ 일러 주거나 가르쳐서 깨닫게 하다.

2 이번 가뭄은 사람들에게 물의 중요성을 <u>일깨워</u> 주었다.

ⓒ 둘 이상의 수나 식을 더하다. 또는 그렇게 얻은 값

5-9 뜻에 알맞은 어휘를 **보기**에서 골라 쓰시오.

보기

증상   보호   염려   식사   화재

5 ☐☐ : 병을 앓을 때 나타나는 여러 가지 상태나 모양

6 ☐☐ : 앞일에 대하여 여러 가지로 마음을 써서 걱정하다.

7 ☐☐ : 불이 나는 불행한 사고 또는 불 때문에 겪는 불행한 일

8 ☐☐ : 위험이나 어려움 따위가 미치지 않도록 잘 보살펴 돌보다.

9 ☐☐ : 아침, 점심, 저녁과 같이 날마다 일정한 시간에 음식을 먹다. 또는 그 음식

10 어휘 뜻으로 알맞지 <u>않은</u> 것은?   [✎   ]

① 마중하다: 오는 사람을 나가서 맞이하다.
② 세로: 위에서 아래로 나 있는 방향이나 길이
③ 어울리다: 이것저것을 조심하여 자세히 보다.
④ 데다: 불이나 뜨거운 기운 때문에 살이 상하다.
⑤ 흡족하다: 조금도 모자람이 없을 정도로 넉넉하여 만족하다.

11-13 왼쪽 어휘와 뜻이 반대인 어휘를 골라 ✔표를 하시오.

11 | 상류 | ☐ 일류 | ☐ 상처 | ☐ 하류 |

12 | 입원 | ☐ 퇴원 | ☐ 병원 | ☐ 입학 |

13 | 등장 | ☐ 등산 | ☐ 퇴장 | ☐ 긴장 |

14-15 밑줄 그은 어휘와 바꾸어 쓸 수 <u>없는</u> 것을 골라 ✓표를 하시오.

14

> 그 요리는 만드는 방법이 <u>까다롭다</u>.

☐ 어렵다 ☐ 복잡하다 ☐ 맞추다

15

> 친구는 자기 말이 맞다고 끝까지 <u>우겼다</u>.

☐ 삼갔다 ☐ 고집했다 ☐ 내세웠다

16 밑줄 그은 어휘가 문장에 어울리지 <u>않는</u> 것은? [✎]

① 밥을 <u>볶아</u> 볶음밥을 만들었다.
② 아이가 우유를 <u>엎질러서</u> 옷이 젖었다.
③ 선생님이 학생들에게 수학을 <u>가리킨다</u>.
④ 아이가 사탕을 바닥에 떨어트리고 <u>울먹거린다</u>.
⑤ 할머니의 생신을 <u>기념하기</u> 위해 친척들이 모였다.

17 문장에 알맞은 어휘를 골라 ✓표를 하시오.

1 선반 위에 그릇을
☐ 얹다.
☐ 좇다.

2 오래 걸었더니 구두
☐ 발바닥
☐ 밑바닥
에 구멍이 났다.

3 그 아이는
☐ 호기심
☐ 무관심
이 많아 이곳저곳을 돌아다녔다.

관용어 · 속담 · 한자 성어

18 관용어 설명에서 빈칸에 들어갈 알맞은 말을 골라 ○표를 하시오.

머리는 우리 몸에서 생각하고 판단하는 일을 하는 부분이다. 사람들은 머릿속에서 자신의 의견이나 생각을 결정한다. 그래서 '⬚⬚⬚⬚⬚를 모으다'라는 관용어는 여러 사람이 각자 머리로 생각한 의견을 모아 합한다는 뜻을 지닌다.

머리   다리   허리

19 빈칸에 들어갈 속담으로 알맞은 것에 ✓표를 하시오.

두 물건 중에서 어떤 것이 길고 어떤 것이 짧은지 정확하게 알기 위해서는 길이를 재어야 한다. 눈으로만 봐서는 정확하게 알기 어렵기 때문이다. 그래서 "⬚⬚⬚⬚⬚⬚⬚⬚⬚⬚⬚⬚⬚"라는 속담은 크고 작고, 이기고 지고, 잘하고 못하는 것은 실제로 겨루어 보거나 그 일을 겪어 보아야 알 수 있다는 뜻을 지닌다.

☐ 길고 짧은 것은 재어 보아야 안다
☐ 집에서 새는 바가지는 들에 가도 샌다

20 한자 성어 설명에서 빈칸에 들어갈 알맞은 말을 골라 ○표를 하시오.

화룡점정	
그리다	화(畵)
용	룡(龍)
점 찍다	점(點)
눈동자	정(睛)

'화룡점정'은 용 그림을 그리고 눈동자를 찍는다는 뜻이다. 옛날, 중국의 뛰어난 화가가 용을 그린 후에 마지막으로 용의 ⬚⬚⬚⬚를 그려 넣자 그림 속의 용이 살아나 하늘로 날아갔다는 이야기에서 이런 말이 생겼다. 그래서 이 한자 성어는 무슨 일을 할 때 가장 중요한 부분을 완성했다는 뜻으로 쓰인다.

눈동자   꼬리   귀

memo

완자

공부력

정답과 해설

어휘

×

초등 전과목

1B

1-2학년

 **책 속의 가접 별책** (특허 제 0557442호)

'정답과 해설'은 진도책에서 쉽게 분리할 수 있도록 제작되었으므로
유통 과정에서 분리될 수 있으나 파본이 아닌 정상 제품입니다.

 visang

우리는 남다른 상상과 혁신으로
교육 문화의 새로운 전형을 만들어
모든 이의 행복한 경험과 성장에 기여한다

ABOVE IMAGINATION

우리는 남다른 상상과 혁신으로
교육 문화의 새로운 전형을 만들어
모든 이의 행복한 경험과 성장에 기여한다

ⓦ 완자

공부력

초등 전과목
어휘 1B

····

정답과 해설

완자

완자 **공부력** 가이드

완자 공부력 시리즈는
앞으로도 계속 출간될 예정입니다.

국어 맞춤법 바로 쓰기
1~2학년용
4책

쓰기력

전과목 어휘
1~6학년용
12책

전과목 한자 어휘
1~6학년용
12책

영어 파닉스
1~2학년용
2책

영어 영단어
3~6학년용
8책

어휘력

국어 독해
1~6학년용
12책

한국사 독해 인물편
3~6학년용
4책

한국사 독해 시대편
3~6학년용
4책

독해력

수학 계산
1~6학년용
12책

계산력

완자 공부력 시리즈로 공부 근육을 키워요!

매일 성장하는
초등 자기개발서
w 완자
공부력

학습의 기초가 되는 읽기, 쓰기, 셈하기와 관련된
공부력을 키워야 여러 교과를 터득하기 쉬워집니다.
또한 어휘력과 독해력, 쓰기력, 계산력을 바탕으로 한
'공부력'은 자기주도 학습으로 상당한 단계까지 올라갈 수
있는 밑바탕이 되어 줍니다. 그래서 매일 꾸준한 학습이
가능한 '**완자 공부력 시리즈**'로 공부하면 **자기주도 학습이
가능한 튼튼한 공부 근육**을 키울 수 있을 것이라 확신합니다.

효과적인 **공부력 강화 계획**을 세워요!

○ **학년별 공부 계획**
내 학년에 맞게 꾸준하게 공부 계획을 세워요!

		1-2학년	3-4학년	5-6학년
기본	독해	국어 독해 1A 1B 2A 2B	국어 독해 3A 3B 4A 4B	국어 독해 5A 5B 6A 6B
	계산	수학 계산 1A 1B 2A 2B	수학 계산 3A 3B 4A 4B	수학 계산 5A 5B 6A 6B
	어휘	전과목 어휘 1A 1B 2A 2B	전과목 어휘 3A 3B 4A 4B	전과목 어휘 5A 5B 6A 6B
		파닉스 1 2	영단어 3A 3B 4A 4B	영단어 5A 5B 6A 6B
확장	어휘	전과목 한자 어휘 1A 1B 2A 2B	전과목 한자 어휘 3A 3B 4A 4B	전과목 한자 어휘 5A 5B 6A 6B
	쓰기	맞춤법 바로 쓰기 1A 1B 2A 2B		
	독해		한국사 독해 인물편 1 2 3 4	
			한국사 독해 시대편 1 2 3 4	

◎ 시기별 공부 계획

학기 중에는 **기본**, 방학 중에는 **기본 + 확장**으로 공부 계획을 세워요!

방학 중			
학기 중			
기본			**확장**
독해	계산	어휘	어휘, 쓰기, 독해
국어 독해	수학 계산	전과목 어휘	전과목 한자 어휘
		파닉스(1~2학년) 영단어(3~6학년)	맞춤법 바로 쓰기(1~2학년) 한국사 독해(3~6학년)

예시 초1 학기 중 공부 계획표 주 5일 하루 3과목 (45분)

월	화	수	목	금
국어 독해	국어 독해	국어 독해	국어 독해	국어 독해
수학 계산	수학 계산	수학 계산	수학 계산	수학 계산
전과목 어휘	파닉스	전과목 어휘	전과목 어휘	파닉스

예시 초4 방학 중 공부 계획표 주 5일 하루 4과목 (60분)

월	화	수	목	금
국어 독해	국어 독해	국어 독해	국어 독해	국어 독해
수학 계산	수학 계산	수학 계산	수학 계산	수학 계산
전과목 어휘	영단어	전과목 어휘	전과목 어휘	영단어
한국사 독해 인물편	전과목 한자 어휘	한국사 독해 인물편	전과목 한자 어휘	한국사 독해 인물편

01 방어

02 쫓았다

💬 • 막다: 이쪽과 저쪽을 통하지 못하게 하다.
• 만나다: 누군가 가거나 와서 둘이 서로 마주 보다.
• 방해하다: 남의 일을 간섭하고 막아 나쁜 영향을 끼치다.

03 **1** 고약하다 **2** 호기심

04 **1** 욕심 **2** 진심

05 **1** [쫓는다 / 좇는다] **2** [쫓아 / 좇아]

06 **1** ⓒ **2** ⓐ

07 ☑ 춤을 못 추던 민수가 멋지게 춤을 추어 _____.

💬 춤을 못 추던 사람이 멋지게 춤을 췄다면 사람들이 신기해 하며 민수를 보게 됐을 것이다. 엄마가 장난감의 비싼 가격을 확인하고 놀라는 상황에서는 '몹시 놀라다.'를 뜻하는 '눈이 나오다'를, 동네에서 여러 번 봐서 얼굴이 익숙한 경우에는 '여러 번 보아서 익숙하다.'를 뜻하는 '눈에 익다'를 쓸 수 있다.

08 동 물 들이 자신을 보호하는 방법

💬 이 글의 첫 문장에서 동물들이 자신을 보호하기 위해서 여러 가지 방법을 사용한다는 핵심 내용을 제시하였다.

09 **1** ⓒ **2** ⓐ **3** ⓑ

💬 스컹크는 고약한 가스로 적의 공격을 방어하고, 주머니쥐는 자신을 쫓던 동물이 사라질 때까지 죽은 척을 하며, 딸기독개구리는 피부에 있는 독으로 자신을 보호한다.

10 ④ 죽은 동물의 고기를 좋아하지 않아서

💬 ⊙의 뒤에 이어지는 '왜냐하면 ~ 때문입니다.'라는 문장이 이유를 설명하고 있다. 동물들은 보통 죽은 동물의 고기가 아니라 갓 사냥하여 얻은 고기를 좋아하기 때문에 이미 죽은 것처럼 보이는 주머니쥐에게 관심을 보이지 않는 것이다.

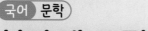
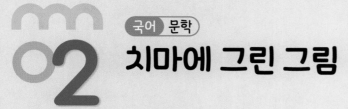
01 (울먹거렸다 | 즐거워했다)

02 쏟아서 ☑ 살폈다 ☑

03 귀한

04 ㉠ 나는 비행기에 [   ]이 많다.

💬 ㉠에는 '어떤 것에 마음이 끌려 주의를 기울임. 또는 그런 마음이나 주의'를 나타내는 '관심'과 같은 어휘를 쓰는 것이 알맞다.

05 1 엎 지 르 지   2 짚 고   3 싶 다

💬 2 '짚다'는 '바닥이나 벽, 지팡이 따위에 몸을 의지하다.'는 뜻을 지닌다.
3 '싶다'는 '행동을 하고자 하는 마음이나 의지를 갖고 있다.'는 뜻을 지닌다.

06 1 ㉢   2 ㉡   3 ㉠

💬 1 '울먹울먹'은 울려고 하는 표정이 되어 자꾸 울음이 터져 나오려고 하는 모양이다.
2 '꾸물꾸물'은 매우 자꾸 느리게 움직이는 모양이다.
3 '벌렁벌렁'은 몸의 일부가 아주 가볍고도 재빠르고 크게 잇따라 움직이는 모양이다.

07 ③ 민우는 책을 많이 사 두기만 하고 한 권도 읽지 않았다.

💬 민우가 사 놓은 책은 가치 있는 물건이지만 그냥 두면 쓸모가 없는 물건이 된다. 민우가 책을 사 두고도 읽지 않는 것은 책을 쓸모 있게 만들지 못한 것이므로, '구슬이 서 말이라도 꿰어야 보배'라는 속담을 사용하기에 알맞다.

08 신 사 임 당 이 얼룩진 치마에 포도송이를 그린 일

💬 이 글은 시와 그림에 뛰어났던 신사임당에 대한 이야기이다. 신사임당이 치마에 포도 그림을 그려 곤란한 상황에 처한 부인을 도운 일을 다루고 있다.

09 ☑ 그림을 잘 그렸다.

💬 신사임당은 어려서부터 곤충과 식물을 관찰하고 그림으로 그리는 것을 좋아했다고 하였다. 이러한 신사임당이 생생한 포도 그림을 그렸다는 것에서 그림을 잘 그렸음을 알 수 있다.

10 ④ 얼룩 위에 포도 그림을 그렸다.

💬 신사임당은 국물이 엎질러진 치마에 포도 그림을 그려 주었고, 국물을 엎지른 부인이 그 치마를 팔아 새 비단 치마를 삼으로써 문제를 해결할 수 있었다.

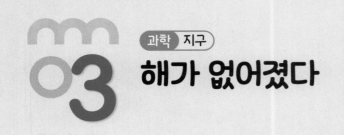
01 뜻 (빛 | 빚)이나 빛깔이 강하여 마주 보기 (어렵다 | 알맞다).

02 가장자리

03 ⑤ 나타났다

> '나타나다'는 '없던 것이 생기다.'라는 뜻이다. '물체의 자리나 표시 따위가 없어지다.'라는 뜻의 '사라지다'와 뜻이 반대이다.
> ① 살피다: 이것저것을 조심하여 자세히 보다.
> ② 쫓다: 어떤 대상을 잡거나 만나기 위하여 뒤를 급히 따르다.
> ③ 채우다: 무엇을 비어 있는 데에 넣어 가득 차게 하다.
> ④ 서두르다: 일을 빨리 해치우려고 급하게 움직이다.

04 1 가리다   2 부시다   3 사라지다

05 1 (부시다 | 부수다)   2 (부시다 | 부수다)

> 1 은 밝은 조명을 마주 보기 어려운 상황이고, 2 는 방문을 깨뜨린 상황이다.

06 ☑ 귓가에 맴돌다

07 ⑤ 친구의 일기를 베껴 쓰고 자신이 쓴 것처럼 낸 사람에게

> 친구의 일기를 베껴 쓴 후 자신이 쓴 것처럼 일기를 제출한 행동은 얕은꾀로 남을 속이려 한 것이므로 '눈 가리고 아웅'을 쓰기에 알맞다.
> ① '개구리 올챙이 적 생각 못 한다'를 쓰기에 알맞다.
> ② '가는 말이 고와야 오는 말이 곱다'를 쓰기에 알맞다.
> ③ '콩을 팥이라고 우긴다'를 쓰기에 알맞다.
> ④ '소 잃고 외양간 고친다'를 쓰기에 알맞다.

08 해가 사라지는 일 식 이 생기는 이유와 일식을 관찰하는 방법

> 이 글은 일식이 어떤 현상인지 이야기한 후 일식이 나타나는 과학적인 원인과 일식을 관찰할 때 주의해야 할 점에 대해 설명하고 있다.

09 ② 일 년에 한 번 나타난다.

> 일식은 수십 년 또는 수백 년에 한 번씩 나타나는 흔치 않은 현상이기 때문에 어떤 사람은 평생 동안 한 번도 못 볼 수도 있다고 하였다.

10 선호

> 햇빛을 맨눈으로 보면 눈에 해롭기 때문에 일식을 볼 때는 맨눈으로 보지 말고 도구를 사용하여 잠깐 동안만 관찰하는 것이 좋다고 하였다.

 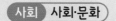
01 ❶ 화재 ❷ 보호

02 참고

• 살피다: 이것저것을 조심하여 자세히 보다.
• 방해하다: 남의 일을 간섭하고 막아 나쁜 영향을 끼치다.
• 가리키다: 손가락으로 방향이나 물건을 집어서 보이거나 알리다.

03 ⓒ 연서가 놀이기구를 타면서 무서워서 소리를 ☐☐☐.

ⓒ에는 '목청을 높여 소리를 크게 내다.'라는 뜻의 '지르다'와 같은 어휘를 사용하는 것이 알맞다.

04 ❶ 화상 ❷ 화산

05 ❶ ㉠ ❷ ㉢ ❸ ㉡

06 ❶ [화제 / **화재**] ❷ [**기르면** / 길르면] ❸ [**무릅쓰고** / 무릎쓰고]

07 ④ 불 안 땐 굴뚝에 연기 날까

밑줄 그은 부분의 앞 문장에서 불을 안 때면 연기가 안 난다는 말을 설명하고 있으므로 밑줄에는 '불 안 땐 굴뚝에 연기 날까'가 들어가야 한다.
① 남을 해치고 나서 약을 주며 그를 구원하는 체한다는 뜻으로, 마음이 바르지 않고 성질이 나쁜 자의 행동을 비유적으로 이르는 말
② 남의 불행을 도와주지는 못할망정 도리어 그 기회를 이용하여 자신의 이익을 채우려 함을 이르는 말
③ 소를 도둑맞은 다음에서야 빈 외양간의 허물어진 데를 고치느라 수선을 떤다는 뜻으로, 일이 이미 잘못된 뒤에는 손을 써도 소용이 없음을 비꼬는 말
⑤ 강한 자들끼리 싸우는 통에 아무 상관도 없는 약한 자가 중간에 끼어 피해를 입게 됨을 비유적으로 이르는 말

08 소 방 관 이 하는 일

이 글은 소방관이 하는 일과 소방관이라는 직업에 맞는 사람을 설명하고 있다.

09 ⑤ 사람들이 몸을 강하게 만드는 데 도움을 준다.

소방관은 스스로 체력을 기르려고 노력하지만 사람들이 체력을 기르는 데 도움을 주는 것은 아니다.

10 ❶ ✕ ❷ ◯ ❸ ✕

소방관은 무거운 옷을 입고 무거운 도구들을 다루므로 평소에 체력을 기르고 무거운 물건을 다루는 훈련을 한다.

01 볶다

• 따다: 붙어 있는 것을 잡아떼다.
• 심다: 식물의 뿌리나 씨앗 따위를 흙 속에 묻다.
• 기르다: 동물이나 식물을 보살펴 자라게 하다. 몸이나 마음을 굳세게 하여 더 강하게 만들다.

02 몫

03 1 끓이다   2 볶다   3 부치다

04 1 ㉡   2 ㉠

05 1 ㉠   2 ㉡

06 1 (떡복이 | (떡볶이))   2 ((몫) | 목)
3 ((볶아서) | 복가서)   4 ((끓였습니다) | 끄렸습니다)

07 ☑ 이 옷을 입었다가 저 옷을 입었다가 계속 마음을 바꿨다.

세 번째 문장의 계속 마음을 바꾼 상황이 '변덕이 죽 끓듯 하다'를 쓰기에 알맞다. 첫 번째 문장은 하기 싫은 일을 억지로 한다는 뜻의 '울며 겨자 먹기'로, 두 번째 문장은 아주 쉬운 일이라는 뜻의 '식은 죽 먹기'로 나타낼 수 있다.

08 우리나라 음식의 요 리 방법

이 글은 우리나라 음식을 만드는 다양한 요리 방법과 음식을 먹는 도구에 대해 설명하였다.

09 ③ 빈대떡

빈대떡은 부침개의 한 종류로 기름에 부쳐서 만드는 음식이다.

10
> 국이나 찌개 같은
> 음식이 많아.

(◯)

우리나라 음식에는 국이나 찌개와 같이 국물이 있는 음식이 많다. 국물을 떠서 먹기 위해서는 숟가락과 같은 도구를 사용하는 것이 적절하다.

06 길이를 재요

01 이 창문은 (**가로** | 세로) 길이가 (가로 | **세로**) 길이보다 길다.

02 알아보다

03 **1** 합하다　**2** 재다　**3** 풀이하다

04 **1** 합창　**2** 합심

05 **1** ⓛ　**2** ⓒ　**3** ⓕ

　　1 연필의 길이를 헤아려 본 것이다.
　　2 소고기를 양념하여 차곡차곡 담아 둔 것이다.
　　3 운동과 공부를 모두 잘하는 그 아이가 친구들에게 으스댄 것이다.

06 ⑤ 여러 사람의 의견을 한데 합하다.

　　① '손을 걸다'의 뜻　② '손을 내밀다'의 뜻　③ '손을 떼다'의 뜻　④ '발이 넓다'의 뜻

07 ☑ 길고 짧은 것은 재어 보아야 안다

　　유미도 검도를 잘하는데 다른 친구가 더 잘한다는 이야기를 하며 질 것 같다고 미리 포기하고 있으므로 크고 작고, 이기고 지고, 잘하고 못하는 것은 실제로 겨루어 보거나 겪어 보아야 알 수 있다는 뜻의 '길고 짧은 것은 재어 보아야 안다'라는 속담을 사용하는 것이 알맞다.

08 라니가 길이를 잰, 색종이의 가로 길이와 세로 길이의 　합

　　이 문제에서 '라니가 길이를 잰, 색종이의 가로의 길이와 세로의 길이를 합하면 모두 몇 센티미터일까요?'라고 물었으므로, 색종이의 가로 길이와 세로 길이를 더한 수를 구하는 문제이다.

09

가로 길이	세로 길이
5 센티미터	3 센티미터

10 풀이 과정 　5 + 3 = 8 　이므로, 색종이의 가로 길이와 세로 길이의 합은 8 센티미터입니다.

　　가로 길이는 5이고, 세로 길이는 3이므로, 5+3=8이다.

01 ③ 양보했다

> '양보하다'는 길, 자리, 물건 따위를 다른 사람에게 미루어 준다는 뜻이다. 제시된 문장에서는 친구에게 자리를 미루어 주었다고 하였으므로 ③이 알맞다.
> ① 넘보다: 어떤 것을 욕심내어 마음에 두다.
> ② 구하다: 위험한 상황에서 벗어나게 해 주다.
> ④ 방어하다: 상대편의 공격을 막다.
> ⑤ 관찰하다: 사물이나 상태를 자세히 살펴보다.

02 ☑ 엄마는 선반에 있던 상자를 [내려놓고] 예쁜 그릇들을 [올려놓았다].

03 ㉠ 길에 버려진 강아지를 보니 마음이 **뿌듯하다**.

> '뿌듯하다'는 기쁨이나 감동이 마음에 가득 차서 벅차다는 뜻인데 길에 버려진 강아지를 보면 기쁜 마음보다는 안쓰러운 마음이 들 것이다.

04 ❶ 마중 ❷ 배웅

05 ❶ 앉 다 ❷ 얹 다

06 ☑ 가슴에 손을 얹다

> 엄마는 예지의 잘못을 알고 예지가 스스로 잘못한 일을 돌아보았으면 좋겠다는 의미로 말하고 있다. 그러므로 밑줄 그은 부분에는 양심에 따라 자신이 한 일을 생각해 보라는 뜻의 말이 들어가야 알맞다.

07 ④ 영어를 잘하지만 잘한다고 내세우지 않는 진주

> 진주는 영어를 잘하지만 다른 사람 앞에서 자신의 영어 실력을 뽐내려 하지 않으므로 '벼 이삭은 익을수록 고개를 숙인다'는 속담을 사용하기에 알맞다.

08 버스에서 할머니께 자리를 양 보 한 일

> 이 글은 유주가 박물관에 갔다가 집으로 돌아오는 길에 버스 안에서 겪은 일을 다루고 있다. 유주는 버스에서 할머니께 자리를 양보했다.

09 ☑ 할머니가 앉으실 자리가 없어서

> 유주는 할머니가 앉으실 자리가 없다는 것을 알고 자신의 자리를 양보했다.

10 ① 뿌듯한 마음

> 유주는 할머니께 자리를 양보한 후에 자신이 한 행동에 대해 뿌듯했다고 하였다.

사회 생활

08 다쳤을 때는 이렇게 해

01 뜻 불이나 (차가운 | 뜨거운) 기운 때문에 (살 | 마음)이 상하다.

02 ② 걱정했다

💬 '염려하다'는 앞일에 대하여 여러 가지로 마음을 써서 걱정한다는 뜻이므로 ②와 뜻이 비슷하다.
① 설레다: 마음이 가라앉지 않고 들떠서 두근거리다.
③ 화해하다: 싸움을 그치고 다시 사이좋게 지내다.
④ 반복하다: 같은 일을 되풀이하다.
⑤ 잃어버리다: 가졌던 물건이 자신도 모르게 없어져 그것을 갖지 않게 되다.

03 증상

04 ❶ 입원 ❷ 퇴원

05 ❶ (데다 | 대다) ❷ (데었다 | 대었다)

06 ④ 앞으로 일어날 일이 아주 분명하다.

07 ☑ 하늘의 해가 떨어질지도 모른다는 생각은 기우일 뿐이다.

💬 '기우'는 쓸데없는 걱정이라고 볼 수 있는 내용에 사용해야 한다. 하늘의 해가 떨어지는 일은 지금까지 한번도 일어난 적이 없는 상황이므로 '기우'는 이를 걱정하는 상황에 쓰기에 알맞다.

08 아프거나 다 쳤 을 때 해야 할 일

💬 이 글에서 보건 선생님은 아프거나 다쳤을 때 어떻게 행동해야 하는지 학생들에게 설명하고 있다.

09 ④ 빨리 치료하지 않으면 더 심해질 수 있기 때문에

💬 보건 선생님은 장난을 치다가 다친 친구들이 혼날까 봐 다친 것을 숨기는 경우가 있는데 이때 빨리 치료를 하지 않으면 상처가 더 안 좋아질 수도 있다고 하였다.

10 ❶ ㉠ ❷ ㉡

💬 ❶ 손을 데었을 때는 상처를 흐르는 물에 20분 이상 대고 있어야 하며, 심하게 데었을 때에는 곧바로 병원에 가야 한다.
❷ 넘어져서 걸을 수 없을 때는 움직이면 더 아플 수 있으니 움직이지 말고, 부모님이나 주변 어른과 함께 병원에 가야 한다.

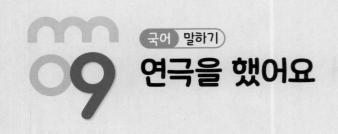
01 뉘우쳤다 | 염려했다

02 등장하다

• 연장하다: 시간이나 거리 따위를 본래보다 길게 늘리다.
• 긴장하다: 마음을 조이고 정신을 바짝 차리다.
• 저장하다: 물건을 쌓아서 간직하여 두다.

03 ④ 반복하여

04 ㉣ 우리들은 축구 시합에서 이기기 위해 힘을 [　　　].

㉣에는 '힘, 노력 따위를 한곳에 집중하다.'는 뜻의 '모으다'와 같은 어휘가 들어가는 것이 알맞다.

05 1 ㉢　　2 ㉠

06 1 ㉢　　2 ㉠　　3 ㉡

07 ⑤ 한 가수의 팬인 친구가 그 가수의 이야기만 계속할 때

한 가수의 팬인 친구가 그 가수의 이야기를 계속 되풀이하는 상황이므로 '입에 달고 다니다'를 사용하기에 알맞다.
① '입을 모으다(여러 사람이 같은 의견을 말하다.)'를 쓰기에 알맞다.
② '입이 귀밑까지 찢어지다(기쁘거나 즐거워 입이 크게 벌어지다.)'를 쓰기에 알맞다.
③ '입을 딱 벌리다(너무 기가 막혀 어이가 없어 하거나 매우 놀라워하다.)'를 쓰기에 알맞다.
④ '입을 다물다(말을 하지 않거나 하던 말을 그치다.)'를 쓰기에 알맞다.

08 연 극 에서 실수하고 후회한 일

이 글은 연극을 하다가 겪은 경험을 쓴 일기이다. 글쓴이는 연극을 하다가 대사가 생각나지 않아 실수를 한 경험과 느낀 점을 일기로 썼다.

09 ☑ 대사를 잊어버렸다.

글쓴이는 놀부의 아내로 무대에 등장했지만 자신이 해야 할 대사를 잊어버렸다고 하였다.

10 ⑤ 연습을 더 열심히 하지 않은 것을 후회했다.

글쓴이는 연극에서 놀부의 아내 역할을 잘 해내고 싶었는데 실수를 했다. 그래서 연극이 끝난 후 대사를 더 열심히 연습하지 않은 것을 후회했다.

01 (마구) | 무사히

02 **1** ㉠   **2** ㉡

03 ④ 기념

04 **1** 일기   **2** 기사

05 **1** (샌다 | (센다))   **2** ((샌다) | 센다)   **3** (새다 | (세다))

> **1** 숫자 '열(10)'을 헤아린 것이므로 '세다'를 쓴다.
> **2** 공에 난 구멍에서 바람이 빠져나오는 것이므로 '새다'를 쓴다.
> **3** 학생의 수를 헤아린 것이므로 '세다'를 쓴다.

06 ⑤ 이것저것 생각하지 않고 함부로

07 ④ 사람이 지닌 나쁜 성질이나 버릇은 어디에 가나 드러나기 마련이다.

> 바가지는 물을 뜨거나 쌀을 푸는 도구이다. 바가지가 깨져서 물이 새는데 들에 가지고 간다고 해서 물이 안 새지는 않을 것이다. 사람의 성격이나 태도도 마찬가지이다. 그래서 이 속담은 나쁜 성질, 버릇은 어디에 가도 드러난다는 뜻을 지닌다.
> ① '믿는 도끼에 발등 찍힌다'의 뜻
> ② '윗물이 맑아야 아랫물이 맑다'의 뜻
> ③ '똥 묻은 개가 겨 묻은 개 나무란다'의 뜻
> ⑤ '바늘 도둑이 소도둑 된다'의 뜻

08 '세계 물 의 날'과 물을 아끼는 방법

> 이 글에서는 '세계 물의 날'이 지정된 이유에 대해 설명하고, 일상생활 속에서 물을 아끼는 방법을 소개하였다.

09 **1** ○   **2** ○   **3** ✕

> **3** 양치질을 할 때 입을 헹굴 물을 미리 틀어 놓으면 필요하지 않은 물이 낭비된다.

10 ③ 물의 소중함을 알리는 날이다.

> '세계 물의 날'은 물의 소중함을 알리고 물에 대한 관심을 일깨우기 위해 정한 날이다.
> ① 세계 물의 날은 3월 22일이다
> ② 세계 여러 나라의 대표들이 모여서 정한 날이다.
> ④ 전 세계 사람들에게 물의 소중함을 알리기 위해 정한 날이다.
> ⑤ 세계 여러 나라의 대표들이 회의를 하여 정한 '세계 물의 날'을 기념한다고 하였다.

11 몇십몇 더하기 몇십몇

01 낱개

02 ② 맴돌았다

03 집중해서

04 ⓒ 두 나라는 서로 맞추어 있어 국민들이 자주 오갔다.

⮕ ⓒ에는 '마주 닿다.'라는 뜻의 '맞닿다'와 같은 어휘를 사용하는 것이 알맞다.

05 **1** [맞추다 / 맞히다] **2** [맞추다 / 맞히다]

⮕ **1** 수수께끼의 정답을 틀리지 않게 한다는 뜻이므로 '맞히다'가 알맞다.
2 숫자 카드들을 번호 순서대로 똑바르게 한다는 뜻이므로 '맞추다'가 알맞다.

06 **1** 낱 개 **2** 맴 돌 았 다

07 ☑ 눈을 씻고 보다

⮕ 첫 번째 문장은 정신을 바짝 차리고 아무리 둘러봐도 사람을 찾을 수 없었다는 의미로, 두 번째 문장은 정신을 집중하고 그 사람을 다시 보니 찾고 있던 사람이 맞았다는 내용으로 보는 것이 알맞다. 그러므로 밑줄 그은 부분에는 정신을 바짝 차리고 집중하여 본다는 의미의 말이 들어가는 것이 알맞다.

08 몇십몇과 몇십몇을 덧 셈 하는 방법

⮕ 이 글에서는 몇십몇과 몇십몇을 더하는 방법을 설명하였다. 덧셈식을 쓰고 각 자리의 숫자끼리 더하는 방법을 설명하고 있다.

09 ☑ 10개씩 묶음은 10개씩 묶음끼리, 낱개는 낱개끼리 더했어.

⮕ 10개씩 묶음은 10개씩 묶음끼리, 낱개는 낱개끼리 줄을 맞추어 쓴다. 그런 후에 낱개는 낱개끼리, 10개씩 묶음은 10개씩 묶음끼리 더해야 바른 답을 구할 수 있다.

10 ④ 46

⮕
$$
\begin{array}{r} 32 \\ +14 \\ \hline \end{array} \rightarrow
\begin{array}{r} 32 \\ +14 \\ \hline 6 \end{array} \rightarrow
\begin{array}{r} 32 \\ +14 \\ \hline 46 \end{array}
$$

12 차도를 건너는 방법

사회 법

01 좌우

02 살폈다

> '둘러보다'는 여러 가지를 빠짐없이 골고루 살펴본다는 뜻이다. '살피다'는 이것저것을 조심하여 자세히 본다는 뜻이므로 두 어휘의 뜻이 비슷하다.
> • 찾다: 모르는 것을 알아내려고 애쓰다.
> • 걱정하다: 좋지 않은 일이 생길까봐 두려워하며 속을 태우다.
> • 건너다니다: 건너서 왔다 갔다 하다.

03 **1** 위험하다 **2** 안전하다

04 **1** 인도 **2** 복도

05 **1** 밤낮 **2** 강산

06 **1** ㉢ **2** ㉠ **3** ㉡

07 ⑤ 잘 아는 일이라도 꼼꼼하게 주의를 해야 한다.

> 할머니는 이미 확인한 일이라도 조심하는 것이 좋다는 뜻으로 말씀하신 것이다. '돌다리도 두들겨 보고 건너라'라는 속담은 돌로 만든 다리라도 튼튼한지 확인하고 건넌다는 것으로 아무리 잘 아는 일이라도 세세하게 주의해야 한다는 뜻을 담고 있다.

08 횡 단 보 도 로 안전하게 길을 건너는 방법

> 이 글은 횡단보도를 이용해 차도를 안전하게 건너는 방법을 설명하고 있다. 신호등이 있는 횡단보도를 건너는 방법을 설명한 뒤 신호등이 없는 횡단보도를 건너는 방법도 설명하고 있다.

09 ☑ 횡단보도를 건너는 동안에는 계속 앞만 봅니다.

> 횡단보도를 건너기 전에 초록 불을 확인하고 좌우를 살펴 차가 오는지를 확인한다. 그리고 횡단보도를 건너는 중에도 차가 움직이지는 않는지 살피며 안전하게 건너야 한다.

10 ④ 어른과 함께 건넌다.

> 이 글의 마지막 문장에서 신호등이 없는 횡단보도를 꼭 이용해야 한다면 어른과 함께 건너는 것이 안전하다고 하였다.

13 피부가 거칠거칠해

본문 56-59쪽

01 습도

02 **1** ㉠   **2** ㉡

03 메마른

'건조하다'는 말라서 축축한 기운이 없다는 뜻이다. '메마르다'는 공기가 건조하다는 뜻을 지닌다. 제시된 문장에서 사막의 공기가 건조하다고 하였으므로 뜻이 비슷한 어휘는 '메마르다'이다.

04 까다롭다

'까다롭다'는 조건 따위가 복잡하거나 엄격하여 다루기 쉽지 않다는 뜻이므로 '쉽다'와 뜻이 반대된다.

05 **1** ㉡   **2** ㉠   **3** ㉠

1 '낫다'는 감기가 고쳐져 본래대로 되다는 뜻이다.
2 '낫다'는 이 책보다 저 책이 읽기에 더 좋다는 뜻이다.
3 '낫다'는 아빠의 음식 솜씨가 엄마보다 앞서 있다는 뜻이다.

06 **1** (까다롭운 | (까다로운))   **2** (어렵워서 | (어려워서))

07 ① 낫다

제시된 속담의 뜻을 볼 때, 종이 한 장을 드는 일이라도 서로 도우면 그렇지 않을 때보다 낫고, 가까이 살아서 자주 보는 이웃이 멀리 살아서 자주 보지 않는 사촌보다 도움을 주고받기 낫다는 의미이므로 '낫다'가 들어가는 것이 알맞다.

08 겨 울 에 건조한 피부를 관리하는 방법

이 글에서는 겨울이 되어 습도가 내려가 건조해졌을 때 피부를 보호하는 세 가지 방법을 설명하였다.

09 **1** ○   **2** ✕   **3** ○

이 글에서는 목욕을 하고 난 후 바로 보습제를 바르면 겨울에 피부를 보호하는 데 도움이 된다고 하였을 뿐 목욕을 자주 하는 것이 도움이 된다고 하지는 않았다.

10 ① 연약하기 때문에

이 글에서는 아이들의 피부가 어른보다 연약하기 때문에 관리하기가 더 까다롭다고 하였다.

14 문장 부호를 써요

본문 60-63쪽

01 　훑어보다

💬 첫 번째 문장은 찻잔들을 대강 살펴본다는 뜻, 두 번째 문장은 책의 제목을 쭉 본다는 뜻이므로 한쪽 끝에서 다른 끝까지 쭉 본다는 뜻의 '훑어보다'를 쓰기에 알맞다.

02 (어울린다 | 비슷하다)

03 ④ 절대로

💬 '결코'는 '어떤 경우에도 절대로'라는 뜻이다. '절대로'는 '어떠한 경우에도 반드시'라는 뜻으로 두 어휘는 뜻이 비슷하다.
① 자꾸: 여러 번 반복하거나 끊임없이 계속하여
② 그냥: 더 이상의 변화 없이 그 상태 그대로
③ 간단히: 복잡하지 않고 쉽게
⑤ 무심코: 별로 주의를 기울이지 않으면서

04 ☑ 유나는 윗옷의 색칠을 [끝내고] 치마도 윗옷의 색과 [맞도록] 칠했다.

05 1 (느리다 | 느리지 않다)　2 (간다 | 가지 않는다)　3 (있다 | 없다)

06 1 (담았다 | 닮았다)　2 (맑다 | 말다)　3 (훑어보았다 | 훓어보았다)

07 ☑ 맛있는 식사 뒤에 나온 큰 생일 케이크가 파티의 　　　　　　　이었다.

💬 생일 파티에서 생일 케이크가 가장 중요했다는 의미이므로 '화룡점정'이라는 한자 성어를 쓰기에 알맞다.

08 여러 가지 　문　장　부　호　의 쓰임과 필요성

💬 이 글에서는 마침표(.), 쉼표(,), 느낌표(!), 물음표(?)의 사용 방법을 설명하고, 이러한 문장 부호들을 알맞게 사용해야 하는 이유를 제시하였다.

09 1 ㄹ　2 ㄱ　3 ㄴ　4 ㄷ

💬 이 글은 마침표(.), 쉼표(,), 느낌표(!), 물음표(?)를 차례로 설명하고 있다.

10 ⑤ 문장의 뜻을 정확하게 나타내 주어서

💬 어떤 문장 부호를 사용하느냐에 따라서 설명하는 문장이 될 수도 있고, 묻는 문장이나 감정을 표현하는 문장이 될 수도 있다. 그러므로 문장이 정확한 의미로 해석될 수 있도록 문장 부호를 꼭 써야 한다.

01 ① 밑바닥   ② 공평

02 ② 바랐다

> 제시된 문장은 우리 팀이 첫 골을 넣는 일이 이루어지기를 바라면서 기다렸다는 뜻이다. '바라다'는 어떤 일이 어떻게 되었으면 하고 기대하거나 원한다는 뜻이므로 '기대하다'와 뜻이 비슷하다.
> ① 달래다: 구슬리거나 타이르다.
> ③ 서두르다: 일을 빨리 해치우려고 급하게 움직이다.
> ④ 치우치다: 여러 일에 주의하지 못하고 한쪽으로 쏠리다.
> ⑤ 다짐하다: 마음이나 뜻을 굳게 가다듬어 정하다.

03 ㄹ 무거운 짐을 들고 가시는 할머니를 보고 그 짐을 [   ].

04 1 평지   2 수평

05 1 불가능   2 불필요

06 1 ㉢   2 ㉡   3 ㉠

07 ⑤ 목이 빠지게 기다리다

> '목이 빠지게 기다리다'는 몹시 안타깝게 기다린다는 뜻으로 간절히 무엇인가를 기다린다는 뜻의 '학수고대'와 뜻이 비슷한 말이다.
> ① 심하게 갈증을 느끼다.
> ② 노래, 연설 따위를 하기에 앞서 목소리를 가다듬다.
> ③ 목이 말라 물 따위를 마시다.
> ④ 거드름을 피우거나 남을 깔보는 듯한 태도를 취하다.

08 [설][렁][탕]이라는 이름이 지어진 까닭

> 이 글은 '설렁탕'이라는 음식의 이름이 어떻게 생겨났는지 설명하고 있다.

09 ☑

> 농사가 잘 되게
> 해 달라고 빌기 위해
> 간 거야.

> 이 글의 첫 번째 문장에 임금님이 선농단에 가서 농사가 잘 되기를 바라는 제사를 지냈다고 하였다.

10 ② 음식을 나누어 먹었다.

> 제사가 끝난 뒤에는 소고기와 소뼈로 국물을 내어 음식을 만들었다. 그리고 제사에 모인 사람들이 함께 국을 나누어 먹었다.

16 강의 모습을 살펴요

본문 68-71쪽

01 ㉡

02 ① 모난

💬 운동화 속에 들어간 돌의 쑥 나온 귀퉁이에 발이 찔려 아프다는 내용이므로 '모나다'가 들어가기에 알맞다.

03 가팔라서

04 ❶ 상류 ❷ 하류 ❸ 상의 ❹ 하의

05 ❶ ㉠ ❷ ㉠ ❸ ㉡

06 ❶ 가 파 르 다 ❷ 넓 다 ❸ 상 류

07 ① 모난 돌이 정 맞는다

💬 뛰어난 사람이 미움을 받게 된다는 뜻의 '모난 돌이 정 맞는다'가 알맞다.
② 쉬운 일이라도 서로 도우면 훨씬 쉽다.
③ 무엇에나 순서가 있으니, 그 차례를 따라 하여야 한다.
④ 일이 이미 잘못된 뒤에는 손을 써도 소용이 없음을 비꼬다.
⑤ 잘 아는 일이라도 세심하게 주의를 해야 한다.

08 강의 상 류 와 하류의 다른 모습

💬 이 글은 강이 시작되는 상류와 강의 아래쪽인 하류의 모습을 비교하여 설명하고 있다. 강이 상류에서 하류로 가면서 변화하는 모습과 강에 있는 돌의 모양 변화도 함께 설명하였다.

09 ⑤ 흐르는 강물의 양이 많다.

💬 강의 아래쪽 부분인 하류는 강의 폭이 넓고 경사가 가파르지 않다. 또한 흐르는 강물의 양이 많고 강물이 흘러가는 속도도 느리다.

10 ☑ 크고 모난 돌

💬 강 상류에는 크고 모난 돌이 많다. 이런 상류의 돌들이 하류로 내려올수록 모난 부분이 깎여서 작고 둥글둥글해지는 것이다.

17 바보 온달과 평강 공주

본문 72-75쪽

01 （만족한）

02 은우: 놀랐어요 | （같이했어요）

엄마: （고집해도） | 고약해도

03 ㉠ 내 친구는 형과 얼굴이 매우 ⬚⬚⬚⬚.

04 **1** 흡족하다   **2** 형편없다   **3** 우기다

05 ☑ 내 짝은 노래 대회에서 1등을 할 정도로 노래를 ⬚⬚⬚ 한다.

06 ① 흡족하게 마음에 들다.

💬 나는 '눈에 차는' 물건이 없어 다른 곳에서 선물을 샀다. 그러므로 '눈에 차다'는 마음에 든다는 뜻임을 알 수 있다.
② '곁눈을 팔다'의 뜻이다.
③ '발이 닳다'의 뜻이다.
④ '발에 차이다'의 뜻이다.
⑤ '눈을 똑바로 뜨다'의 뜻이다.

07 ☑ 콩을 팥이라고 우긴다

💬 민주는 세계에서 가장 높은 산이 에베레스트산인 것이 사실인데 이를 무시하고 백두산이 가장 높다고 우기고 있으므로, 사실과 다른 주장을 막무가내로 내세운다는 뜻의 '콩을 팥이라고 우긴다'라는 속담을 사용해야 한다.

08 평강 공주를 만나 훌륭한 인물이 된 바보 온 달

💬 이 글은 바보 온달과 평강 공주에 대한 이야기로, 역사서인 『삼국사기』의 열전에 실려 있다.

09 ☑ 공주가 울음을 그치지 않아서

💬 평강 공주는 한번 울면 울음을 잘 그치지 않았다. 그래서 왕은 공주의 울음을 그치게 하기 위해 자꾸 울면 온달에게 시집보내겠다고 말하며 공주를 달랜 것이다.

10 ⑤ 온달이 공부를 하고 무술을 익히게 하였다.

💬 공주는 궁궐을 나가서 스스로 온달을 찾아갔다. 그리고 바보라고 놀림 받던 온달에게 공부와 무술 실력을 쌓게 해서 훌륭한 인물로 만들었다.

18 잘 먹었습니다

본문 76-79쪽

01 뜻 (건강 | (몸가짐))이나 말과 행동을 (배우다 | (조심하다)).

02 ❶ 식사　❷ 들다

03 ④ 뒤졌다

💬 제시된 문장은 가위를 찾기 위해 책상 서랍 안을 이리저리 들추며 뒤졌다는 뜻이다. '뒤지다'는 무엇을 찾으려고 어디를 샅샅이 들추거나 살핀다는 뜻이므로 '뒤적이다'와 뜻이 비슷하다.

04 ❶ 간식　❷ 식탁

05 ❶ ㉠　❷ ㉡

💬 ❶ '들다'는 손에 선물을 가지고 있다는 뜻이다.
💬 ❷ '들다'는 칼이 날카로워 잘 베어진다는 뜻이다.

06 ☑ 감기에 걸렸을 때는 외출을 <u>삼간다</u>.

💬 '삼가다'가 맞는 표기이고 '삼가하다'는 잘못된 표기이므로 '삼가해야'는 '삼가야'로, '삼가해라'는 '삼가라'로 써야 한다.

07 ① 말을 삼가야 한다

💬 이 속담은 우리가 하는 말은 천 리라는 먼 거리까지도 순식간에 퍼진다는 뜻으로, 말을 함부로 하면 안 되며 삼가야 함을 이른다.

08 식 사 를 할 때 지켜야 하는 예절

💬 이 글에서는 다른 사람들과 함께 음식을 먹을 때 어떻게 행동해야 하는지 설명하였다.

09 ❶ ✕　❷ ○　❸ ○　❹ ✕

💬 ❶, ❹ 식사하는 중에도 다른 사람과 대화할 수 있지만 음식을 다 삼킨 후에 다른 사람에게 방해가 되지 않도록 이야기해야 한다.

10 ③ 즐겁게 식사할 수 있다.

💬 함께 식사할 때 식사 예절을 지키면 같이 먹는 사람의 기분을 망치거나 식사를 방해하지 않을 수 있어 즐겁게 식사할 수 있다.

19 시계를 보는 방법

01 ③ 걸려

02 확실하게

03 시각

04 ㉣ 선생님께서 수업 시간에 우리에게 과학을 ⬚⬚⬚⬚⬚.

💬 ㉣에는 '가르치다'가 들어가야 알맞다. '가르치다'는 지식이나 기능, 이치 따위를 깨닫게 하거나 익히게 한다는 뜻의 어휘로 '가리키다'와 구별해서 써야 한다.

05 **1** ㉠ **2** ㉡

06
1	한		자	루
2	여	덟		살
3	다	섯		권

07 ⑤ 무슨 일이나 틀림없이 잘 들어맞는다

💬 '백발백중'은 화살을 매번 정확하게 맞힌다는 뜻에서 확대되어 무슨 일이나 틀림없이 잘 들어맞는다는 뜻을 지니게 된 한자 성어이다.
① '일취월장(日就月將)'의 뜻   ② '의기양양(意氣揚揚)'의 뜻
③ '대동소이(大同小異)'의 뜻   ④ '칠전팔기(七顚八起)'의 뜻

08 시 계 를 보고 시각을 읽는 방법

💬 이 글의 첫 문장에서 시계를 보는 방법을 설명한 글이라는 것을 알 수 있다. 이 글에서는 시계의 짧은바늘과 긴바늘이 가리키는 의미를 설명하면서 시계를 보고 시각을 알 수 있는 방법을 알려 주고 있다.

09 ② 긴바늘이 숫자 2를 가리키면 6분이다.

💬 긴바늘이 시계의 숫자 1을 가리키면 5분이라는 의미이고, 숫자가 1씩 커질 때마다 5분씩 커진다고 했다. 따라서 긴바늘이 숫자 2를 가리키면 5에 5를 더하여 10분을 나타내게 된다.

10

💬 15분을 나타내기 위해서는 긴바늘이 숫자 3을 가리키도록 그려야 한다.

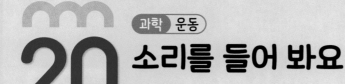

20 소리를 들어 봐요

과학 운동

01 연주

02 ❶ 청각 ❷ 높낮이

03 위태한

💬 '위태하다'는 위험하여 마음을 놓을 수 없다는 뜻이므로 '위급하다'와 뜻이 비슷하다.

04 ① 시청 ② 청중

05 ① 길 이 ② 넓 이

06 ① 촉 감 ② 시 력 ③ 후 각

💬 ① '촉감'은 살갗이 외부의 사물에 닿아서 생기는 느낌이다.
② '시력'은 눈으로 볼 수 있는 능력이다.
③ '후각'은 냄새를 느끼는 감각이다.

07 ② 매우 위태로운 상황

💬 '풍전등화'는 촛불이 바람에 곧 꺼질 듯 위태로운 상황을 나타내는 한자 성어로, '바람 앞의 등불'이라는 속담과 바꾸어 쓸 수 있다.

08 소리의 높 낮 이

💬 이 글에서는 소리의 높고 낮은 정도를 의미하는 소리의 높낮이를 설명하고, 소리의 높낮이를 이용하는 경우를 제시하였다.

09 ① 도서관에서 책을 찾을 때

💬 사람들에게 위급한 상황을 알릴 때 높은 소리를 사용한다고 하였다. 도서관에서 책을 찾는 것은 위급한 상황이 아니므로 높은 소리를 사용하지 않아도 된다.

10 ① ○ ② ○ ③ ✕

💬 ③ 소리의 높고 낮은 정도를 소리의 높낮이라고 한다.

실력 확인 1회

1 위 급

2 건 조

3 후 회

4 양 보

5 위 로

6 1 ○   2 ✕   3 ○   4 ○

💬 2 '안에서 밖으로 오다.'는 '나오다'의 뜻이다. '사라지다'는 '물체의 자리나 표시 따위가 없어지다.'라는 뜻이다.

7

가	장	자	리
리	파	유	우
다	도	르	중
청	각	서	다

8 ⑤ 공평하다: 억지를 부려 자신의 의견을 고집스럽게 내세우다.

💬 ⑤는 '우기다'의 뜻이다. '공평하다'는 '어느 한쪽으로도 치우치지 않고 고르다.'라는 뜻이다.

9 1 (시간 | 장소)   2 (축축한 | 건조한)
3 (여럿으로 | 하나로)   4 (아래쪽 | 왼쪽) (위쪽 | 오른쪽)

10 ☑ 절대로

💬 '결코'는 '어떤 경우에도 절대로'라는 뜻이다.   예 나는 절대로 거짓말을 하지 않겠다.

11 ☑ 참다

💬 '무릅쓰다'는 '힘들고 어려운 일을 참고 견디다.'라는 뜻이다.   예 형은 고생을 무릅쓰고 나를 도왔다.

12 ☑ 살펴보다

💬 '관찰하다'는 '사물이나 상태를 자세히 살펴보다.'라는 뜻이다.   예 잠자리의 생김새를 관찰했다.

13 **1** ㉠ **2** ㉡

14 ☑ 알아보다

💬 '재다'는 '자나 저울로 물건의 길이, 크기, 무게 따위를 알아보다.'라는 뜻이다.
- 값지다: 물건 따위가 값이 많이 나갈 만한 가치가 있다.
- 집중하다: 한 가지 일에 모든 힘을 쏟아붓다.

15 ☑ 벅차다

💬 '뿌듯하다'는 '기쁨이나 감동이 마음에 가득 차서 벅차다.'라는 뜻이다.
- 기대하다: 어떤 일이 원하는 대로 이루어지기를 바라면서 기다리다.
- 거슬리다: 순순히 받아들여지지 않고 기분이 상하다.

16 ① 차도에 함부로 들어가면 <u>안전해</u>.

💬 차도에 함부로 들어가는 것은 위험한 상황이므로 ①의 밑줄 그은 부분에는 '안전하다' 대신 '위험하다'라는 어휘가
어울린다.
② '부치다'는 '프라이팬 따위에 기름을 바르고 빈대떡, 전 따위의 음식을 익혀서 만들다.'라는 뜻이다.
③ '끓이다'는 '액체를 몹시 뜨겁게 해 소리를 내면서 거품이 솟아오르게 하다.'라는 뜻이다.
④ '부시다'는 '빛이나 빛깔이 강하여 마주 보기가 어렵다.'라는 뜻이다.
⑤ '좌우'는 '옆이나 곁 또는 주변을 가리키는 말'이라는 뜻이다.

17 **1** 상류 **2** 연주 **3** 완성 **4** 함부로

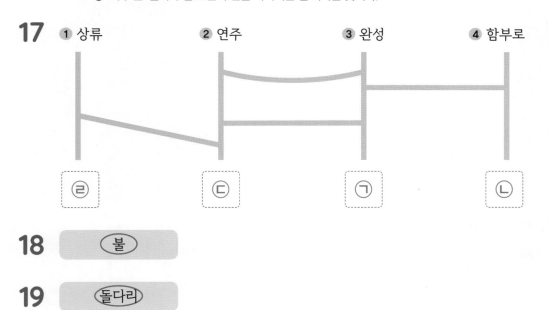

㉣ ㉢ ㉠ ㉡

18 불

19 돌다리

20 학

💬 목이 긴 학처럼 목을 길게 빼고 기다린다는 뜻의 한자 성어인 '학수고대'는 관용어 '목이 빠지게 기다리다'와 뜻이
비슷하다.

실력 확인 2회

1 **1** ○   **2** ✕   **3** ✕   **4** ○

💬 **2** '고약하다'는 '맛, 냄새 따위가 마음에 거슬리게 나쁘다.'라는 뜻이다.
3 '새다'는 '기체, 액체, 따위가 틈이나 구멍으로 조금씩 빠져 나가거나 나오다.'라는 뜻이다.

2

맡	기³	어	강
고²	르	다	운
들	다	정	중
높¹	낮	이	간

3 **1** (전부인 | 따로따로인)   **2** (가로로 | 세로로)   **3** (차도 | 인도)

4 **1** ㉡   **2** ㉠

5 증 상

6 염 려

7 화 재

8 보 호

9 식 사

10 ③ 어울리다: 이것저것을 조심하여 자세히 보다.

💬 ③은 '살피다'의 뜻이다. '어울리다'는 '여럿이 서로 잘 조화되어 자연스럽게 보이다.'라는 뜻이다.

11 ☑ 하류

💬 '상류'는 '강이나 시냇물이 처음 시작되는 곳과 가까운 부분'이라는 뜻이다. '강이나 내의 아래쪽 부분'을 뜻하는 '하류'와 뜻이 반대된다.
예 차를 타고 강의 상류 지역으로 올라갔다.

12 ☑ 퇴원

💬 '입원'은 '환자가 병을 고치기 위하여 일정한 기간 동안 병원에 들어가 머물다.'라는 뜻이다. '일정 기간 병원에 머물며 치료를 받던 환자가 병원에서 나옴'을 뜻하는 '퇴원'과 뜻이 반대된다.

예 동생이 팔을 다쳐서 어제 <u>입원했다</u>.

13 ☑ 퇴장

💬 '등장'은 '무대나 연단 따위에 나오다.'라는 뜻이다. '어떤 장소에서 물러남'을 뜻하는 '퇴장'과 뜻이 반대된다.

예 배우가 <u>등장하자</u> 관객이 박수를 쳤다.

14 ☑ 맞추다

💬 '까다롭다'는 '조건 따위가 복잡하거나 엄격하여 다루기 쉽지 않다.'라는 뜻이다. '맞추다'는 '사람, 물건이 늘어선 줄이나 차례 따위에 똑바르게 하다.'라는 뜻이므로 '까다롭다'와 바꾸어 쓰기 어렵다.

15 ☑ 삼갔다

💬 '우기다'는 '억지를 부려 자신의 의견을 고집스럽게 내세우다.'라는 뜻이다. '삼가다'는 '몸가짐이나 말과 행동을 조심하다.'라는 뜻이므로 '우기다'와 바꾸어 쓰기 어렵다.

16 ③ 선생님이 학생들에게 수학을 <u>가리킨다</u>.

💬 '가리키다'는 '손가락 따위로 어떤 방향이나 대상을 집어서 보이거나 말하거나 알리다.'라는 뜻이다. ③은 선생님이 학생에게 수학을 알려 주는 상황이므로 '가리키다'가 아니라 '지식이나 기능, 이치 따위를 깨닫게 하거나 익히게 하다.'라는 뜻의 '가르치다'가 사용되어야 한다.

17 1 ☑ 얹다.   2 ☑ 밑바닥   3 ☑ 호기심

💬 1 '얹다'는 '위에 올려놓다.'라는 뜻이다.
2 '밑바닥'은 '어떤 것의 바닥 또는 아래가 되는 부분'이라는 뜻이다.
3 '호기심'은 '새롭고 신기한 것을 좋아하거나 모르는 것을 알고 싶어 하는 마음'이라는 뜻이다.

18 머리

19 ☑ 길고 짧은 것은 재어 보아야 안다

💬 '집에서 새는 바가지는 들에 가도 샌다'는 본바탕이 좋지 아니한 사람은 어디를 가나 그 본색을 드러내고야 만다는 말이다.

20 눈동자

속담·한자 성어 깊이 알기

눈 가리고 아웅
본문 18쪽

'아웅'은 얼굴을 손으로 가리고 있다가 손을 떼면서 어린아이와 놀아 주는 소리입니다. 어린아이들은 이 놀이에 속아 엄마가 사라졌다가 다시 나타나는 줄 알고 좋아합니다. 이처럼 속이 훤히 들여다보이는 얕은 꾀로 남을 속이는 것을 두고 이 속담을 사용합니다.

> 예 네가 그 장난을 했다는 것을 모두가 아는데 <u>눈 가리고 아웅</u> 하며 안 했다고 하지 마.

불 안 땐 굴뚝에 연기 날까
본문 22쪽

옛날에는 아궁이에 땔감을 넣고 불을 때서 방안을 따뜻하게 했습니다. 불을 때면 굴뚝으로 연기가 빠져나가서 불을 땠다는 것을 금방 알 수 있었는데, 불을 때지 않으면 당연히 연기도 나지 않았습니다. 그래서 이 속담은 어떤 원인이 없으면 결과도 없다는 의미를 나타냅니다. "아니 땐 굴뚝에 연기 날까"라고도 합니다.

> 예 <u>불 안 땐 굴뚝에 연기 나지 않는다</u>더니 지윤이가 이사 간다는 소문이 사실이었구나.

길고 짧은 것은 재어 보아야 안다
본문 30쪽

두 가지 물건 중에서 어떤 것이 길고 어떤 것이 짧은지는 재어 보아야 확실히 알 수 있습니다. 그래서 이 속담은 크고 작고, 이기고 지고, 잘하고 못하는 것은 실제로 겨루어 보거나 그 일을 겪어 보아야 알 수 있다는 의미를 지니고 있습니다. "길고 짧은 것은 대어 보아야 안다"라고도 합니다.

> 예 <u>길고 짧은 것은 재어 봐야 안다</u>는 말처럼 두 사람 중에 누가 더 잘하고 못하는지는 겨뤄 보면 알겠지.

집에서 새는 바가지는 들에 가도 샌다
본문 46쪽

바가지는 물을 뜨거나 쌀을 풀 때 쓰는 둥근 모양의 도구입니다. 바가지가 깨지면 안에 담은 물이나 쌀이 줄줄 새는데, 깨진 바가지를 들에 가지고 간다고 해서 물이나 쌀이 안 새지는 않을 것입니다. 사람의 성격이나 태도도 마찬가지로, 사람이 지닌 나쁜 성질이나 버릇은 어디에 가나 드러나기 마련이라는 의미를 담고 있습니다.

> 예 <u>집에서 새는 바가지는 들에 가도 샌다</u>더니 저 애는 집에서도 뛰더니 식당에서도 뛰는구나.

화룡점정

본문 62쪽

그리다	화 (畵)
용	롱 (龍)
점 찍다	점 (點)
눈동자	정 (睛)

용의 눈동자를 그린다는 뜻인 이 한자 성어는 무슨 일을 하는데에 가장 중요한 부분을 완성했다는 의미로 사용합니다. 중국의 한 화가가 용을 그리면서 용의 눈동자를 그리지 않아 사람들이 그 이유를 묻자, 화가는 용이 날아갈까 봐 그렇게 했다고 했습니다. 사람들이 화가의 말을 믿지 않자 화가는 용의 눈동자를 그려 넣었습니다. 그러자 그림 속 용이 갑자기 하늘로 날아올랐다고 합니다.

📝 이 음식에는 엄마가 만든 양념이 들어가야 <u>화룡점정(畵龍點睛)</u>이다.

학수고대

본문 66쪽

학	학 (鶴)
머리	수 (首)
애쓰다	고 (苦)
기다리다	대 (待)

'학'은 긴 목과 긴 다리를 가진 새입니다. 우리는 누군가를 간절히 기다릴 때 그 사람이 언제 오나 하고 학의 목처럼 목을 길게 빼고 보곤 합니다. 그래서 이 한자 성어는 학처럼 머리를 길게 빼고 간절히 무엇인가를 기다린다는 뜻입니다.

📝 아이들은 크리스마스 선물이 도착하기만을 <u>학수고대(鶴首苦待)</u>하고 있다.

백발백중

본문 82쪽

일백	백 (百)
쏘다	발 (發)
일백	백 (百)
가운데	중 (中)

이 한자 성어는 화살을 백 번 쏘아서 백 번 모두 겨눈 곳에 맞힌다는 말입니다. 원래는 활이나 총을 겨눈 곳에 정확히 맞힐 때만 쓰였지만 이제는 일이 계획대로 이루어지거나 무슨 일이나 틀림없이 잘 들어맞는다는 의미로도 사용합니다.

📝 이번 받아쓰기 시험은 하나도 틀리지 않고 <u>백발백중(百發百中)</u>으로 다 맞혔다.

풍전등화

본문 86쪽

바람	풍 (風)
앞	전 (前)
등잔	등 (燈)
불	화 (火)

이 한자 성어는 바람 앞에 놓인 등불을 말합니다. 등불이 켜져 있는데 바람이 불면 바람 앞의 등불은 꺼질 듯 말 듯 위태롭게 흔들립니다. 이렇게 바람 부는 데 놓인 등불처럼, 사람이나 사물이 매우 위태로운 상황에 놓여 있음을 뜻합니다.

📝 두 나라의 관계가 나빠져 전쟁이 일어날 지도 모르는 <u>풍전등화(風前燈火)</u>의 상황이다.

memo